LA ROUE À LIVRES

Collection dirigée

par

Michel Casevitz

Professeur émérite de grec
à l'Université de Paris Ouest

Aude Cohen-Skalli

Chargée de recherche au CNRS
(Aix Marseille Université, TDMAM)

ALEXANDRE LE GRAND
ET LES BRAHMANES

ALEXANDRE LE GRAND
ET
LES BRAHMANES

PALLADIOS D'HÉLÉNOPOLIS
LES MŒURS DES BRAHMANES DE L'INDE

suivi de

CORRESPONDANCE
D'ALEXANDRE ET DE DINDIME
(ANONYME)

Textes introduits, traduits et annotés
par
PIERRE MARAVAL

PARIS

LES BELLES LETTRES

2016

95, bd Raspail, 75006 Paris.
www.lesbelleslettres.com

ISBN : 978-2-251-33979-5
ISSN : 1150-4129

INTRODUCTION

L'épopée d'Alexandre le Grand, l'expédition de conquête qui le conduisit, entre 331 et 327, jusqu'en Inde, fit l'objet, au début de notre ère, d'un véritable engouement dans le monde gréco-romain. Les ouvrages de Diodore de Sicile (Ier s. av. J.-C.), de Strabon († 24), de Plutarque (v. 50-v. 125), d'Alexandre Polyhistor (Ier s.), de Quinte-Curce (Ier-IIe s.), d'Arrien († 166), qui utilisaient les historiens contemporains d'Alexandre – Mégasthène, Onésicrite, Aristobule, Ctésias –, éveillèrent l'intérêt pour les pays qu'il avait visités. L'Asie, dont on ne connaissait presque rien, devint à la mode[1]. On s'intéressa particulièrement à l'Inde, une Inde souvent idéalisée, et à ses merveilles – sites, animaux fantastiques, plantes et produits (poivre, aromates, coton, pierres précieuses) – décrits par Pomponius Méla (vers 44) dans sa *Chorographie*[2], par Pline l'Ancien dans plusieurs livres de son *Histoire naturelle*[3], par Apulée dans ses *Florides*[4], par Solinus dans ses *Merveilles du monde* (qui

1. Voir les textes cités par André-Filliozat, 1986.

2. Pomponius Mela, *Chorographie*, III, 7, 61-71.

3. Pline l'Ancien dans son *Histoire naturelle*, en particulier le livre VI, 46-106, les livres VIII, IX, XI, XXXI, XXXII, XXXVII.

4. Apulée, *Florides*, VI, XII, XV.

emprunte beaucoup à Pline)[5] – pour ne citer que quelques auteurs. Les mœurs et coutumes de ses habitants, leurs doctrines, firent également l'objet d'enquêtes et de récits. Les philosophes de l'Inde, appelés aussi gymnosophistes (sages nus) ou brahmanes[6], dont les historiens d'Alexandre racontaient qu'il les avait rencontrés, retinrent l'attention de plusieurs écrivains, païens ou chrétiens. Cicéron mentionne avec admiration le suicide du brahmane Calanos[7]. Philostrate relate le voyage qu'Apollonios de Tyane fit chez quelques-uns d'entre eux. Clément d'Alexandrie et Tertullien mentionnent les brahmanes, le plus souvent avec faveur[8]. Bardesane d'Édesse apprit à connaître leur histoire et leurs pratiques d'un groupe d'ambassadeurs venus à la cour d'Élagabale en 218[9]. Hippolyte de Rome, dans sa *Réfutation de toutes les hérésies (Élenchos)* écrite vers 220, les appelle des philosophes et décrit leur ascèse[10]. Plotin, vers 250, s'efforça « de prendre une connaissance directe de la philosophie… qui est en honneur chez les Indiens »[11]. L'intérêt fut relancé par le *Roman d'Alexandre*

---

5. C. Julius Solinus, *Collectanea rerum memorabilium*, 15, 11 ; 25, 10-14 ; 56.

6. Diodore de Sicile, XVII, 102, 7, est le premier chez les Grecs à employer ce terme.

7. Cicéron, *Tusculanes*, II, 52 ; V, 77-78 ; *De la divination*, I, 46.

8. Philostrate, *Vie d'Apollonius de Tyane*, III, 15-19 ; Clément d'Alexandrie, *Stromates*, I, XV, 70, 71 ; II, XX, 125 ; III, VII, 60 ; IV, VII, 50 ; VI, IV, 88 ; Tertullien, *Apologétique*, 42, 1.

9. Bardesane cité par Porphyre, *De l'abstinence*, IV, 17, 2, et fragment chez Stobée, *Ecl. Phys.*, I, 3, 56.

10. Hippolyte, *Élenchos*, I, 24.

11. Porphyre, *Vie de Plotin*, 3. Il est inexact de dire qu'il se rendit pour cela en Inde : il accompagna certes l'empereur Gordien alors que son armée était sur le point de passer en Perse, mais celui-ci fut battu et Plotin n'alla pas au-delà de la Mésopotamie. Sa curiosité le portait du reste sur la philosophie des Perses autant que sur celle de l'Inde, la Perse étant alors

du Pseudo-Callisthène, publié à Alexandrie avant 221, traduit en latin vers le milieu du IVe siècle par Julius Valerius sous le titre de *Res gestae Alexandri Magni*, un ouvrage beaucoup plus lu que ceux des historiens. On publia également à cette époque une prétendue lettre d'Alexandre à son maître Aristote qui lui racontait son voyage en Inde et les « choses mémorables » qu'il y avait vues, un *Itinéraire d'Alexandre*, un résumé de ses campagnes (*Epitoma* de Metz)[12]. Au IVe siècle, les brahmanes furent à nouveau cités en modèles par Porphyre[13] comme par les auteurs chrétiens : Jérôme en parle à plusieurs reprises, en particulier dans sa correspondance et son *Contre Jovinien*[14], Augustin les évoque brièvement dans la *Cité de Dieu*[15], Ambroise de Milan reproduit une lettre du brahmane Calanos qu'avait citée avant lui Philon d'Alexandrie[16]. Ce sont cependant

---

« le lieu de rencontre d'une prodigieuse quantité de spéculations et de fois : gnostiques chrétiens ou païens, bardesanites, marcionites, Juifs, Nazaréens, chrétiens de la Grande Église, moines bouddhiques, brahmanes, muktaka ou "Délivrés" y vivaient ou y répandaient leur propagande » (H.-Ch. Puech, *Le Manichéisme*, Paris, 1949, p. 42). Voir L. Okamura, « Plotinus in Syria et Mesopotamia », *Classica et Mediaevalia* 46, 1995, p. 87-112.

12. Sur ces trois ouvrages, voir R. Herzog (éd.), *Nouvelle histoire de la littérature latine. 5. Restauration et renouveau, 284-374*, Turnhout, 1993, p. 244-250. L'*Epitoma* a été transmis dans un manuscrit de Metz, le *Mettensis* 500, détruit en 1944. Sa source principale est la tradition qui découle de Clitarque et de Quinte-Curce.

13. Porphyre, *De l'abstinence*, IV, 17-18.

14. Jérôme, *Contre Jovinien*, I, 42 (Bouddha) ; 2, 14 ; *Lettres* 53, 1 ; 70, 4 ; 107, 8 (nourriture).

15. Augustin, *Cité de Dieu*, XIV, 17 ; XV, 20. Il ne les connaît que sous le nom de gymnosophistes et ne semble connaître que leur nudité et leur abstention du mariage, comme avant lui Hilaire de Poitiers, *Comm. sur le Psaume* 64, 3.

16. Philon d'Alexandrie, *Quod omnis probus liber*, 96 (Petit, p. 213-215) ; Ambroise, *Lettre* 7, 35 *à Simplicianus (Maur. 37)*, *Corpus Scriptorum Ecclesiasticorum Latinorum* 82, p. 60-61.

deux textes issus d'auteurs moins prestigieux qui devaient avoir – quoique de façon inégale – une longue postérité : le traité de Palladios sur *Les mœurs des brahmanes* (fin IVe s.) et la *Collatio Alexandri et Didimi* (début Ve s.).

Grâce à ces textes, la fascination pour Alexandre persista dans les siècles suivants et suscita jusqu'à la Renaissance, dans toutes les littératures européennes, de très nombreux ouvrages qui, en partant du personnage historique et de ses entreprises, en tiraient des leçons politiques, morales ou religieuses adaptées à l'esprit de leur temps[17].

I. Palladios, *Les mœurs des brahmanes de l'Inde*

L'ouvrage transmis sous le nom de Palladios, intitulé tantôt *Commonitorium Palladii*, tantôt *De gentibus Indiae et Bragmanibus*[18] ou *De moribus Bragmanorum*[19], est constitué de deux parties hétérogènes, tant par le contenu que par le caractère.

1. La lettre de Palladios

La première partie, la seule qui soit l'œuvre de Palladios, est la lettre qu'il envoie à un correspondant de haut rang, auquel il s'adresse en utilisant la formule de politesse « la valeur de ton excellence » (I, 15). Dans cette lettre, l'auteur annonce qu'il va faire un exposé sur la vie des brahmanes, tout en reconnaissant qu'il ne les a pas rencontrés, ayant interrompu le voyage qu'il avait entre-

---

17. En témoignent les cinq volumes publiés sous la direction de Gaullier-Bougassas, 2014. Pour la période médiévale, voir Cary, 1956.

18. Pfister, 1921 ; Cracco Ruggini, 1965 ; Berghoff, 1967 ; Brunel, 1978.

19. Ainsi dans l'édition de Scheiwiller, 1956.

pris vers l'Inde en raison d'une excessive chaleur. Il se réfère d'abord brièvement à un récit qu'Alexandre aurait composé sur eux, dont il estime qu'il ne transmet que des renseignements de seconde main (I, 2), puis il rapporte les connaissances qu'il déclare tenir d'un *scholastikos* de Thèbes – on peut ici, de manière sûre, traduire ce terme par « avocat », puisqu'il est dit que celui-ci était lassé par l'étude de la jurisprudence[20]. Cet avocat, qui s'était rendu en Inde et, au cours de son voyage, avait été retenu en captivité pendant six ans dans une région proche du lieu de résidence des brahmanes, lui avait raconté ce qu'il avait alors appris sur eux[21] ; Palladios précise qu'il lui a transmis des données reçues d'autres gens (I, 4), et prend même la précaution d'ajouter « si ce qui est rapporté n'est pas mensonger » (I, 5). En réalité, son informateur, sinon Palladios lui-même, ont puisé plusieurs de leurs données dans les textes des historiens d'Alexandre connus à leur époque[22]. Une phrase qui a disparu de la version grecque, mais que l'on trouve, sous des formes assez diverses, dans les versions latines, le dit expressément[23].

Après le récit des aventures de l'avocat (I, 3-10), Palladios donne, en se référant aux dires de celui-ci, une brève description des mœurs des brahmanes – leur vie selon la nature, leur manière de prier, leur régime alimentaire végé-

20. Le terme *scholastikos*, qui peut désigner simplement ceux qui ont fréquenté les écoles, est utilisé avec le sens d'avocat après le IVe s. (A. Claus, *Ho Scholastikos*, Cologne, 1965, p. 65-67).

21. La réalité du voyage de l'avocat est généralement acceptée : Derrett, 1962, p. 21-31 ; Hansen, 1965 ; Desanges, 1969. André-Filliozat, 1986, p. 412, n. 517, en doutent et font remarquer que toutes ses données sont empruntées à des sources occidentales.

22. Voir la phrase ajoutée à I, 15 (ou conservée ?) par les anciennes traductions latines de ce texte.

23. Voir la note 57 à I, 15.

tarien, les rapports qu'ils observent entre les hommes et les femmes –, ainsi que quelques remarques sur leur environnement – les animaux qui vivent dans leur territoire, leur lieu de résidence près du Gange (I, 11-14). Dans cette description, plusieurs traits relèvent du genre utopique : l'établissement des brahmanes aux confins de l'Inde, près d'un fleuve issu du paradis, le climat tempéré de la région où ils vivent, la générosité du sol, renvoient à l'âge d'or ; leur existence à l'écart, la régulation des naissances dans leur société sont le fait d'une société réglementée, moins naturelle qu'elle prétend l'être[24].

De cette première partie, il n'y a pas à douter qu'elle soit l'œuvre de Palladios ; mais de quel Palladios s'agit-il ? Ce nom est alors assez répandu (la *Realencyclopädie* en connaît 76, ce qui explique certaines confusions[25]). C'est en tout cas un chrétien, qui avait entrepris son voyage vers l'Inde en compagnie d'un évêque d'Adoulis (I, 1) et qui, lorsqu'il mentionne accidentellement Néron, rappelle que celui-ci persécuta les apôtres Pierre et Paul (I, 15). S'agit-il de l'évêque d'Hélénopolis, l'auteur de l'*Histoire lausiaque*, comme le suggère la place du texte dans de nombreux manuscrits, à la suite de cette *Histoire* ? Et le destinataire anonyme de l'ouvrage est-il le même que celui auquel est adressée celle-ci, Lausus, grand chambellan puis préfet du prétoire de Théodose II[26] ? Quelques affinités entre cette lettre et la préface de l'*Histoire lausiaque* plaident en faveur de l'attribution de ce nouvel envoi au même auteur et au même destinataire. Au début de sa lettre, l'auteur fait réfé-

---

24. Jouanno, 2010, p. 58-59.

25. Photiadès, 1959, p. 130, a ainsi confondu Palladios d'Hélénopolis, qu'elle tient pour un arien, et Palladios de Ratiara, auquel s'opposa Ambroise. Autres erreurs relevées par Cracco Ruggini, 1965, p. 23, n. 41, p. 51, n. 127.

26. *PLRE* II, p. 660 (Lausus 1).

rence à un écrit antérieur adressé à un personnage qu'il félicite pour sa soif de savoir (I, 1), comme le faisait Palladios dans sa lettre à Lausus, où il louait celui-ci d'être « très désireux d'apprendre »[27] ; de plus, comme dans celle-ci, le destinataire est un personnage d'importance, auquel il donne un titre de politesse réservé aux titulaires de hautes fonctions (I, 15). Autre indice en faveur du même auteur : en II, 5, notre texte contient une phrase dont il existe un parallèle très proche dans le *Dialogue sur la vie de Jean Chrysostome*, œuvre de Palladios. On lit dans celui-ci : « Un menteur fait du tort à celui qui le croit ; mais inversement celui qui croit facilement ce qu'on lui raconte fait du tort au menteur »[28] ; et dans notre texte : « Le menteur fait du tort à celui qu'il persuade, mais celui qui est persuadé a tort de faire confiance au menteur » (II, 5). Hansen remarque cependant que cette réminiscence textuelle peut remonter à un même modèle[29]. Lui-même, bien qu'il relève quelques rapprochements de vocabulaire avec d'autres œuvres de Palladios, estime qu'ils ne permettent pas de décider si l'ouvrage est ou non de Palladios *d'Hélénopolis* : « Il était pensable, reconnaît-il, qu'un inconnu, pour compléter l'*Histoire lausiaque*, lui ajoute l'écrit sur les Brahmanes »[30]. Le premier éditeur du texte, Camerarius, déclare de son côté que de nombreux arguments

27. Palladios, *Histoire lausiaque*, prol. 1 (*philomatheste*) 1. Le mot *philomatheia* revient en prol. 11. Les deux mots se rencontrent à plusieurs reprises dans le *Dialogue sur la vie de Jean Chrysostome* ; voir l'index des mots grecs, *Sources Chrétiennes* (désormais abrégé en *SC*) 342, p. 238.

28. Palladios, *Dialogue sur la vie de Jean Chrysostome*, IV, 122-124 (*SC* 341, p. 99).

29. Hansen, 1965, p. 375.

30. *Ibid.*, p. 376 estime que seule une analyse stylistique précise peut décider de l'attribution à l'évêque d'Hélénopolis. Il cite lui-même les rapprochements suivants : utilisation du verbe rare *kissaô* (avoir envie) en I, 3 et *Histoire lausiaque*, prol., 1 ; de l'actif *machèn poien* (faire la guerre) en I, 10 et *Histoire lausiaque* 84, 12.

(qu'il ne donne pas) vont contre l'attribution à l'évêque d'Hélénopolis : aussi préfère-t-il ne pas se prononcer sur son auteur[31]. L'attribuer à cet évêque n'est pourtant pas sans fondement, si l'on considère l'intérêt qu'il a constamment manifesté pour la vie monastique, dont il retrouvait certains traits chez les brahmanes ; lui-même s'était exercé pendant neuf ans à la vie monastique dans le désert de Nitrie et dans les Kellia. Il est tout à fait possible qu'il ait entrepris un voyage vers l'Inde en compagnie de l'évêque d'Adoulis, car avant de devenir évêque en Bithynie, il a beaucoup circulé en Orient, de Constantinople à l'Égypte. D'autre part, les voyages vers l'Inde par la mer Rouge sont fréquemment attestés du Ier au VIe siècle, tant pour le commerce que pour des relations diplomatiques, culturelles ou religieuses[32]. Son voyage n'ayant pas abouti, qu'il ait reçu des informations d'un autre voyageur, un avocat égyptien de Thèbes, n'est

---

31. Kammermeister, 1569, p. 109 et 252.

32. Pline l'Ancien donne de nombreux renseignements sur la navigation vers l'Inde du Sud, Taprobane (Ceylan) et le Sud-Est asiatique. Le *Périple de la mer Érythrée* apporte des informations sur les ports et le commerce qui s'y pratique. La *Géographie* de Ptolémée, au IIe s., rassemble les données recueillies par les marchands de l'empire romain entre l'Égypte et l'Inde. Le philosophe Apollonios de Tyane (Ier s.) fit ce voyage. Selon Jérôme, Pantène, le prédécesseur de Clément d'Alexandrie à la tête de l'école des catéchistes de la ville fut envoyé en Inde par l'évêque Démétrios (*De viris illustribus*, 36, 1-2). L'historien Socrate rapporte, en se basant sur Rufin, *Histoire ecclésiastique*, I, 9-10, le voyage qu'entreprit vers 330 un philosophe de Tyr, Méropios, avec deux garçons de sa parenté ; l'un, Frumentios, après avoir été détenu prisonnier par le roi des Indes – c'est-à-dire le roi d'Axoum –, devint le premier évêque du lieu (Socrate, *Histoire ecclésiastique*, I, 19, 3-14 ; *SC* 477, p. 190-193). La *Table de Peutinger* (IVe s.) donne les itinéraires terrestres jusqu'à l'Inde. Le marchand de profession Cosmas Indicopleustès, au VIe siècle, a navigué dans la mer Rouge et le golfe Persique, sans toutefois se rendre jusqu'aux Indes (W. Wolska-Conus, intr. à la *Topographie chrétienne* de Cosmas Indicopleustès, *SC* 141, p. 16-17). Voir aussi Filliozat, 1949.

pas invraisemblable, car lui-même a résidé à deux reprises en Thébaïde, en 388-389, puis entre 406 et 412, la deuxième fois exilé par l'empereur Arcadius pour le soutien qu'il avait apporté à Jean Chrysostome. La date de composition de l'ouvrage ne fait pas obstacle à cette attribution : sur des bases purement philologiques, le texte grec ne peut guère être considéré comme postérieur au ve siècle[33]. Plusieurs auteurs jugent donc probable que Palladios d'Hélénopolis en soit l'auteur[34]. Toutefois, comme aucun argument décisif ne peut être apporté en faveur de cette attribution, ses éditeurs les plus récents, Derrett et Berghoff, ont publié l'ouvrage sous le simple nom de Palladios. Curieusement, son traducteur en italien, G. Desantis, qui plaide avec de bons arguments – dont l'inspiration évagrienne de certaines parties du texte – pour une attribution à l'évêque d'Hélénopolis, le publie comme l'œuvre d'un Pseudo-Palladios. Son choix peut se justifier parce que la deuxième partie du texte, la plus importante, n'est pas de lui ; il reste que, même dans cette partie, on trouve des traces de son intervention. Rien donc n'interdit, avec les réserves qui s'imposent, d'attribuer à l'évêque d'Hélénopolis l'ensemble de ce texte, la première partie étant de sa main, la deuxième ayant été choisie et retouchée par lui.

2. Le Pseudo-Arrien

La deuxième partie de son envoi, déclare Palladios, est un court traité (*ponèmation*) d'Arrien, « le disciple d'Épic-

---

33. Monneret de Villard, 1947, p. 617.

34. Cracco Ruggini, 1965, p. 23, « estremamente probabile » ; Berg, 1974, p. 7, écrit : « Clairement, si Palladios est l'envoyeur, Lausus est le destinataire ». Derrett, 1960, p. 70, n. 40 cite d'autres auteurs, tout en mentionnant ses propres réserves ; Berghoff, 1967, p. 8* ; Pfister, 1941, p. 146 ; Kurfess, 1949, col. 204 ; Desantis, 1969, p. 9-10 ; Monneret de Villard, 1947, etc.

tête »[35] (I, 14) : il concerne, dit-il, Alexandre le Macédonien, et plus exactement les relations que celui-ci a nouées avec les brahmanes. Dans son récit des campagnes d'Alexandre, l'*Anabase*, Arrien décrit une brève rencontre entre Alexandre et des brahmanes et cite la réponse que ceux-ci firent au conquérant, ainsi que celle du plus âgé d'entre eux, Dandamis[36]. Il déclare aussi avoir l'intention d'écrire plus longuement sur la sagesse des brahmanes[37], mais ne dit rien de plus à leur sujet dans son écrit sur l'Inde, bien que la page qu'il consacre à la classe des sophistes retienne certains traits qui peuvent s'appliquer à eux[38]. A-t-il écrit par la suite l'ouvrage qu'il avait projeté ? À la fin du Ve siècle, Énée de Gaza déclare qu'il a trouvé dans un ouvrage d'Arrien la mention d'un entretien entre Alexandre et les brahmanes, mais rien ne permet de dire qu'il se réfère à l'ouvrage que Palladios met sous son nom et non à l'*Anabase*, qui mentionne un tel entretien ; il est aussi peu probable qu'il se réfère à *L'Inde*, dont les données sur les sophistes ne rappellent que de loin ce qui est dit dans cet ouvrage[39]. De plus, au jugement de plusieurs auteurs, celui-ci « ne paraît pas, stylistiquement, pouvoir lui être attribué »[40]. Hansen considère qu'il n'est pas

35. Sur Arrien philosophe, voir S. Follet, « Arrien de Nicomédie », dans *Dictionnaire des Philosophes Antiques*, I, p. 597-604.

36. Arrien, *Anabase*, VII, 1-2. Les brahmanes sont seulement évoqués dans *L'Inde*, XI, 1-8, et appelés des sophistes. Sur Dandamis, voir Cl. Muckensturm, dans *Dictionnaire des Philosophes Antiques*, II, p. 610-612 Dandamis (ou Mandanis) : il est déjà mentionné par le Pseudo-Callisthène comme « roi des brahmanes », ainsi que par Hippolyte, *Élenchos*, I, 24, 7.

37. Arrien, *Anabase*, VI, 16, 5.

38. Arrien, *L'Inde*, XI, 1-8.

39. Énée de Gaza, *Théophraste ou De l'immortalité de l'âme*, 183, *Patrologie grecque* 85, 904 ; Breloer-Bömer, 1939, p. 192-193. Voir Cracco Ruggini, 1965, p. 33-34.

40. S. Follet, dans *Dictionnaire des Philosophes Antiques*, I, p. 604. Même remarque de Cl. Muckensturm, *ibid.*, II, p. 536. Hansen, 1965,

possible d'attribuer à Arrien, et même au jeune Arrien, un ouvrage qui accumule les fautes littéraires et dont certaines parties sont presque contradictoires[41], d'autres répétitives ; pour lui, la pièce, anonyme au départ, a été mise par la suite sous le nom d'un auteur renommé. La découverte de la version originale de ce texte dans un papyrus du IIe siècle (il en sera question un peu plus loin) lui permet d'ajouter un argument de chronologie : il est improbable, selon lui, qu'à cette date un papyrus d'Arrien puisse avoir existé en Égypte[42]. Bien que plusieurs auteurs jugent encore possible de l'attribuer à Arrien[43], il sera désigné ci-dessous comme un Pseudo-Arrien.

Comme la lettre de Palladios, ce Pseudo-Arrien est très hétérogène. Il est constitué d'une série de monologues et de dialogues plus ou moins bien reliés par une trame narrative ; les dialogues ont lieu soit par l'intermédiaire d'un messager, soit en conversation directe, entre Alexandre et des brahmanes, puis entre Alexandre et Dandamis, présenté comme

p. 365. Cracco Ruggini, 1965 : dans ses œuvres, Arrien est « étranger à l'emphase rhétorique qui surabonde dans notre texte » (p. 43).

41. Voir par exemple II, 4 et II, 45.

42. Hansen, 1965, p. 364-366.

43. Pfister, 1921, attribue II, 1-11 à Arrien ; Coleman-Norton, 1926, est favorable à cette attribution ; Derrett, 1960, p. 74-80, voit dans l'ouvrage une œuvre de jeunesse d'Arrien ; Berg, 1970, p. 269, suggère que Palladios peut être le premier à avoir fait cette attribution ; Pfister, 1976, p. 62 tient pour possible l'attribution à Arrien de II, 11 s. ; Brunel, 1978, p. 39, pense qu'« Arrien, disciple d'Épictète, est l'auteur d'un ouvrage traitant de la rencontre entre Alexandre et les brahmanes ». Stoneman, 1994, p. 510, plaide aussi pour une œuvre de jeunesse d'Arrien, « dans une phase cynique, avant que sa pensée se développe vers un stoïcisme (peut-être) plus mûr », et il estime que la question doit rester ouverte. Toutefois, après la découverte de nouveaux fragments de la diatribe, Willis-Maresh, 1988, p. 62, considéraient que « la possibilité de voir dans Arrien l'auteur de l'ouvrage ou d'une partie de celui-ci semble maintenant définitivement exclue ».

le maître des brahmanes ou *gymnosophistes* – un terme qui n'est pas utilisé par Palladios lui-même, mais que l'on trouve dans le papyrus de Berlin 13044, chez Onésicrite et Strabon, et qui désigne les philosophes ascètes qui vivaient nus dans les bois[44]. L'auteur ne semble pas connaître les distinctions, au demeurant assez confuses, sinon contradictoires, que ces historiens et d'autres établissent parmi les ascètes indiens[45]. Mégasthène distingue parmi eux les philosophes de la montagne et ceux de la plaine[46], puis dans un deuxième classement les brahmanes, les philosophes, dont l'ascétisme est modéré, et les Garmanes, les ascètes les plus stricts, qui se divisent eux-mêmes en trois catégories – habitants des forêts, médecins et philosophes qui vivent là où on les reçoit, sages itinérants[47] ; Néarque connaît deux catégories de brahmanes, ceux qui participent à la vie publique, sont dans la suite des rois comme conseillers, font des recherches sur la nature, et les ascètes vivant dans la solitude[48] ; Porphyre distingue les brahmanes, caste de prêtres héréditaires, qui habitent la montagne ou au bord du Gange, des Samanéens (que d'autres appellent Sarmanes), hommes choisis parmi ceux qui veulent s'appliquer à la science du divin, célibataires et ne possédant rien, vivant en dehors des villes mais logés et nourris dans des maisons

44. La première attestation connue se trouve dans le papyrus de Berlin 13044. Arrien n'utilise pas ce terme. « On a pensé que "les philosophes nus", étaient des Jaïns *digambara*, "vêtus d'espace", mais les Grecs ont considéré comme nus les brahmanes et sarmanes, qui se présentaient habituellement le torse et les jambes nus » (Filliozat, 1981, p. 108).

45. Muckensturm-Poulle, 1996, p. 113-119 ; J. M. Camacho et P. P. Fuentes Gonzales, « Mégasthène », dans *Dictionnaire des Philosophes Antiques*, IV, p. 375-376.

46. Mégasthène, *FGrHist.* 715 F 19b = Strabon, XV, 1, 39.

47. *Ibid.*, 715 F 33 = Strabon XV, I, 59-60.

48. Néarque, *FGrHist.* 133 F 23 = Strabon, XV, 1, 66-67.

et des temples construits par le roi[49]. Strabon, après avoir rapporté les catégories de Mégasthène, distingue encore, en se fondant sur une autre source, les brahmanes des Pramnes, eux-mêmes divisés en trois catégories – ceux qui vivent dans la montagne et les forêts (*Hylobioi*), vêtus de peaux de cerf, qui guérissent ceux qui recourent à eux au moyen de plantes, les Gymnètes qui vivent en plein air, dans une nudité totale ou partielle (les vrais gymnosophistes), ceux qui sont en ville ou près des villes, vêtus de lin[50]. Clément d'Alexandrie, dans les *Stromates*, I, distingue parmi les gymnosophistes Sarmanes et brahmanes et mentionne même un troisième groupe, « ceux qui obéissent aux préceptes de Bouddha » ; dans les *Stromates*, III, les trois groupes sont ceux des brahmanes, des Saints (*semnoi*) et des gymnosophistes[51]. Quant à Ptolémée, un siècle et demi après Strabon, il distingue brahmanes et gymnosophistes, en les faisant habiter des territoires distincts (c'est ce qui intéresse le géographe), mais sans s'étendre sur leur mode de vie[52]. Les modernes ne sont pas en reste, qui identifient Garmanes et Pramnes soit avec les jaïns *digambara*, soit avec les moines bouddhistes, soit avec les brahmanes[53]. Si la lettre de Palladios, basée sur les renseignements donnés par l'avocat thébain, et le Pseudo-Callisthène parlent de brahmanes mariés, le mode de vie de Dandamis et ses déclarations, dans le Pseudo-Arrien, semblent le classer parmi les habitants des forêts et les ascètes les plus stricts, sans toutefois que ce soit précisé.

49. Porphyre, *De l'abstinence*, IV, 17.

50. Strabon, XV, 1, 70.

51. Clément d'Alexandrie, *Stromates*, I, XV, 71, 5-6 (il est le premier auteur grec qui mentionne Bouddha) ; III, VII, 60, 2-4. Jérôme, *Contre Jovinien*, I, 42, fait de Bouddha le fondateur de la secte des gymnosophistes.

52. Ptolémée, *Géographie*, VII, 51 et 74.

53. Pfister, 1941, p. 143-169.

Le texte du Pseudo-Arrien s'ouvre avec l'extrait d'un exposé de Dandamis (II, 1), qui mentionne les voyages d'Alexandre, « qui se leva comme le soleil à partir de la Macédoine », mais observe déjà que celui-ci se vantait à tort d'avoir une origine divine. Une autre source met ensuite dans la bouche d'Alexandre lui-même, sous la forme d'une prière, une déclaration qui éclaire le sens de sa visite auprès des brahmanes, le désir d'obtenir d'eux une leçon de sagesse (II, 2). Suit un long discours adressé à Alexandre par un groupe de brahmanes anonymes, dans lequel ils exposent leur manière de vivre en l'opposant radicalement à celle des Grecs ; leur critique vise aussi nommément Calanos, un gymnosophiste connu d'Alexandre, qui l'accompagna lors de son retour de l'Inde à la Perse et se suicida par le feu[54], ce qui lui valut un certain renom en Occident, mais qu'ils dénoncent comme un faux brahmane. Leur discours, qui prend le ton de la diatribe, compare la liberté des brahmanes, fruit de leur rejet de la richesse ennemie de l'âme et de leur lutte contre les ennemis intérieurs, les cinq sens, à la lutte menée par les Grecs contre les ennemis extérieurs, qui fait d'eux les esclaves de leurs désirs. Il affirme aussi que la sobriété des brahmanes, leur régime alimentaire végétarien, sont conformes à la nature, alors que la soif de l'or des Grecs et leur manière de vivre y sont contraires (II, 3-12).

---

54. Ce suicide eut lieu à Pasagardae : Arrien, *Anabase*, VII, 2-3 ; Diodore, XVII, 107 ; Plutarque, *Vie d'Alexandre*, 69 ; Élien, *Histoire variée*, 2, 41 et 5, 6 relatent sa mort sur le bûcher. Strabon, XV, 1, 68 rapporte la controverse que provoqua ce suicide parmi les brahmanes, déclarant que « d'après Mégasthène, le suicide n'est pas un dogme parmi les sages, et ceux qui l'accomplissent sont traités de puérils ». Sur Calanos, voir W. Kroll, *RE* X, 2, col. 1544-1546 ; Fick, 1938 ; Muckensturm, « Ca(l)lanus », dans *Dictionnaire des Philosophes Antiques*, II, p. 157-162 ; Cracco Ruggini, 1965, p. 34, n. 73. Philon d'Alexandrie, *Quod omnis probus liber*, 90, cite une lettre de Calanos à Alexandre.

La mention élogieuse qui est faite de Dandamis, au terme de l'exposé des brahmanes, suscite l'intérêt d'Alexandre, qui déclare vouloir le rencontrer. On passe donc à un récit dans lequel il lui envoie un messager, Onésicrate. Celui-ci, avec des promesses de récompenses et des menaces de mort, convoque le brahmane auprès d'Alexandre, mais cette convocation se heurte à un refus argumenté – Dandamis ne veut pas d'or et il ne craint pas la mort (II, 13-18). Alexandre se résout donc à venir lui-même auprès de lui, et il se voit adresser d'entrée une longue exhortation qui l'invite à changer de vie, à abandonner ses désirs démesurés, à cesser de faire couler le sang, et mieux encore à adopter le mode de vie des brahmanes, en faisant du bien aux hommes et non du mal, en vivant d'une vie immatérielle, sous peine d'être châtié par Dieu dans l'au-delà (II, 19-30). Alexandre répond en soulignant combien il lui est difficile, sinon impossible, dans la situation qui est la sienne, d'adopter une telle conduite, mais comme il veut remercier le brahmane pour ses conseils, il lui offre des présents (II, 31-36). Celui-ci refuse l'or, le vêtement et la nourriture, mais il accepte l'huile, qu'il fait brûler en faisant une prière (II, 37-39).

Alexandre est alors censé s'éloigner, pendant que Dandamis, s'adressant à un auditoire imaginaire – mais visant nommément Alexandre[55] –, fait un nouvel exposé de la vie solitaire et ascétique des brahmanes (II, 40-43), accompagné d'une nouvelle critique virulente des mœurs des Grecs : critique de l'esclavage du désir, des massacres d'animaux et de la consommation de viande, de la gloutonnerie, des cruels spectacles qui opposent des hommes

55. Cracco Ruggini, 1965, p. 40, pense que ce pourrait être la trace d'une *collatio* de lettres indépendante de la *Collatio Alexandri et Dindimi* ; on aurait une allusion à cette *collatio* en II, 57.

et des bêtes sauvages, des pillages, des beuveries, de l'accaparement des richesses, du luxe des vêtements et des habitations, de pratiques telles que la castration des mâles, de la fausse gloire qui est celle des philosophes renommés chez les Grecs. La critique n'épargne pas Alexandre, car est dénoncée la violence dont fait preuve la Macédoine sous la conduite de son chef. À tout cela sont opposées les manières de vivre des brahmanes, qui sont sans désir d'argent, végétariens, buveurs d'eau, intègres, soucieux d'autrui (II, 47-56). Une nouvelle invitation est faite à Alexandre de partager leur vie, qui seule le rendra heureux ; elle sert de conclusion au discours de Dandamis (II, 57).

Cet échange entre Alexandre et les Brahmanes, et tout particulièrement celui entre Alexandre et Dandamis, apparaît comme une fiction littéraire, au demeurant assez mal composée – celle d'un homme de lettres, dit Hansen, « qui prend sans examen toutes les incongruités de ses "sources historiques" »[56]. Elle prend pour point de départ historique la venue du conquérant en Inde, mais elle emprunte ensuite, sans se soucier de cohérence ni de fidélité à ses sources, des éléments divers aux récits des historiens d'Alexandre, qui sont eux-mêmes loin d'être identiques[57]. Onésicrite, compagnon d'Alexandre devenu son premier historien, rapporte que celui-ci, arrivé à Taxila[58] au printemps 326

---

56. Hansen, 1965, p. 362.

57. Sur ces historiens, voir Pédech, 1984, et Auberger, 2001.

58. Taxila (Takshasila) était la plus grande ville entre l'Indus et l'Hydaspe (Arrien, *Anabase*, V, 3, 6), un centre culturel et religieux. K. Karttunen, « Taxila Indian City and a Stronghold of Hellenism », *Arctos* 10, 1985, p. 55-65. Le site se trouve aujourd'hui au Pakistan, non loin d'Islamabad et de Rawalpindi. Sur les campagnes d'Alexandre dans cette région, voir P. Eggermont, *Alexander's Campaigns in Sind and Baluchistan and the Siege of the Brahmin Town of Harmatelia*, Louvain, 1975.

avant notre ère, en entendant parler d'une communauté de gymnosophistes « qui vivaient nus à vingt stades de la cité, s'exerçaient à la résistance physique et étaient tenus en grand honneur », l'envoya auprès d'eux afin de s'informer sur leurs activités et leurs doctrines, car ceux-ci n'acceptaient pas de se rendre eux-mêmes auprès de ceux qui les convoquaient[59]. Onésicrite, commandant du navire d'Alexandre, était aussi un philosophe, qui avait suivi les leçons de Diogène le Cynique[60]. Son récit relate l'entretien qu'il eut avec deux de ces ascètes, rencontrés avec leurs disciples, Calanos et Mandanis (que Palladios et d'autres appellent Dandamis). Mandanis y louait Alexandre d'avoir le désir de la sagesse, de « pratiquer la philosophie en armes » ; il ajoutait cependant, se conformant au rôle de conseiller des rois qui était celui des brahmanes, que « ce qui serait le plus utile, ce serait que soient eux-mêmes sages ceux qui ont le pouvoir de convaincre d'être sages ceux qui sont bien disposés et de forcer à l'être ceux qui ne le sont pas »[61]. Le récit de l'historien, fiable, même s'il est possible qu'Onésicrite, à son habitude, exagère son propre rôle, a été repris par Mégasthène et Plutarque[62] ; celui-ci ne mentionne cependant aucune rencontre ni discussion directe entre Alexandre et Mandanis (seul Calanos se rend auprès du conquérant). Il n'y a pas davantage de relation d'un véritable entretien dans ce que rapporte Aristobule : d'après lui, Alexandre, à Taxila, reçut à sa table deux sophistes dont il ne donne pas le nom, « tous deux brahmanes », le plus jeune avec une longue chevelure, le plus âgé avec la tête rasée, qui prirent

59. Onésicrite, *FGrHist.* 134 F 17 = Strabon, XV, 1, 63-65 ; Plutarque, *Vie d'Alexandre*, 65, 1-4 ; Arrien, *Anabase*, VII, 2, 2.

60. Arrien, *L'Inde*, XVIII, 9 ; XXXII, 9.

61. Onésicrite, *FGrHist.* 134 F 10 et 17 = Strabon, XV, 1, 64 et 65.

62. Plutarque, *Vie d'Alexandre*, 65, 1-7.

leur repas debout et donnèrent ensuite des preuves de leur endurance, celui-ci en supportant le soleil et la pluie, celui-là en se tenant sur un pied durant une journée, tout en ayant en main un pesant bâton de trois coudées de long. Après quoi le plus jeune rentra chez lui et refusa de répondre à une nouvelle convocation d'Alexandre, l'invitant seulement à venir lui-même le consulter s'il avait besoin de lui ; le plus âgé, en revanche, accepta de changer de vêtement et de style de vie et de suivre Alexandre, ce qui lui attira le blâme des autres brahmanes[63]. Enfin Arrien, d'après Mégasthène, rapporte qu'Alexandre, venu à Taxila, frappé d'admiration par le courage des gymnosophistes, chercha à en attirer dans sa suite : le plus âgé, Mandanis, refusa, non sans admonester Alexandre sur ses conquêtes et lui déclarer qu'il n'avait pas besoin de ses cadeaux et ne le craignait pas (les soldats l'avaient menacé de mort s'il n'obtempérait pas à sa demande) – et Alexandre ne chercha pas à le forcer ; l'autre, Calanos, accepta de suivre le conquérant en Perse, ce que condamnèrent les autres gymnosophistes[64]. Une autre rencontre entre l'armée d'Alexandre et un groupe de brahmanes avait eu lieu peu auparavant dans une prairie ; rapportée par Arrien, elle a inspiré un passage de notre texte (II, 22)[65].

---

63. Aristobule, *FGrHist.* 139 F 41 = Strabon, XV, 1, 61. Les sages rencontrés sont-ils des bouddhistes, de simples brahmanes ou des jaïns ? Celui avec la tête rasée pourrait être un bouddhiste, tous deux pourraient être des jaïns, des moines vêtus de blanc (Stoneman, 1995, p. 108-109).

64. Mégasthène, *FGrHist.* 715 F 34b = Arrien, VII, 2, 2-4. Mégasthène ne cite jamais Onésicrite, mais l'a utilisé. Plutarque, *Vie d'Alexandre*, 65 relate aussi l'envoi d'Onésicrite à Calanos et Dandamis en s'inspirant d'Onésicrite. Lors de son entretien avec Onésicrite, Calanos se montra brutal, tandis que Dandamis fit preuve de courtoisie. Plutarque rapporte toutefois que « d'autres prétendent que Dandamis se borna à dire ces seuls mots : Pourquoi Alexandre est-il venu jusqu'ici en faisant un si long chemin ? » (65, 4).

65. Arrien, VII, 1, 5-6.

L'anonyme alexandrin connu sous le nom de Pseudo-Callisthène, dans son célèbre *Roman d'Alexandre*, donne encore une autre version de la rencontre d'Alexandre et d'un groupe de brahmanes – qu'il assimile lui aussi aux gymnosophistes. Il fait d'abord état d'une lettre que ceux-ci, qu'il appelle aussi Oxydraques, en apprenant l'approche du conquérant, lui avaient envoyée, dans laquelle ils se déclaraient prêts à discuter avec lui. Alexandre décida donc d'une marche pacifique et vint s'entretenir avec une quinzaine d'entre eux[66]. L'endroit précis de la rencontre n'est pas mentionné, mais Alexandre est alors dans le royaume de Poros – c'est-à-dire dans la vallée de l'Indus, où se trouve de fait Taxila –, très loin du fleuve auprès duquel, selon Palladios, sont censés résider les brahmanes, expressément désigné comme le Gange (I, 13, 17)[67]. Les questions qui furent posées par Alexandre étaient classiques dans le monde ancien et on en connaît d'autres exemples[68] : « Qui sont les plus nombreux, les morts ou les vivants ? Quel est le plus malfaisant des êtres vivants ? Comment un homme peut devenir Dieu ? Le jour a-t-il précédé la nuit ? », etc. Les réponses des brahmanes l'ayant satisfait, Alexandre leur proposa des dons, mais comme ceux-ci demandaient l'immortalité, il répondit qu'il était hors de son pouvoir de la leur donner. Les brahmanes lui demandèrent alors pourquoi il se faisait l'esclave de tant de travaux : Alexandre répondit que cela ne dépendait pas de lui, mais que c'était son destin. À l'issue de l'entretien, il leur fit apporter les

66. Pseudo-Callisthène, III, 5.

67. Voir sur ce point la note sur les Bisades à I, 7.

68. Voir par exemple Diogène Laërce, *Vie et doctrines des philosophes illustres*, I, 36 ; I, 104 ou les *Secundi Philosophi Responsa ad interrogata Adriani* (B. E. Perry (éd.), *Secundus the Silent Philosopher*, Ithaca, 1964). D'autres exemples orientaux sont cités par A.-J. Festugière, *Études de philosophie grecque*, Paris, 1971, p. 161-165.

dons annoncés – de l'argent, des vêtements, du vin et de l'huile : ils n'acceptèrent que l'huile, que Dandamis, dans un rite sacerdotal, fit aussitôt brûler[69]. Il existe plusieurs autres versions de ce débat, dont l'une oppose Alexandre à dix brahmanes qui avaient encouragé leur roi à la résistance contre lui et qu'il avait fait prisonniers : ils devaient répondre aux questions posées en étant menacés d'être mis à mort si leur réponse n'était pas juste ; le plus âgé devait en juger : il le fit si habilement que tous eurent la vie sauve. On a ici un thème universel de la littérature populaire, celui du héros qui sauve sa vie en résolvant une énigme. Cette version, la plus ancienne, est celle du papyrus de Berlin 13044, du Ier siècle av. J.-C., que l'on peut compléter avec celles de l'*Epitoma*, de Plutarque et de Clément d'Alexandrie, qui présentent quelques différences[70]. La version du Pseudo-Callisthène est assez différente de ces versions et semble avoir été rédigée de manière indépendante, tout en remontant au même original.

C'est après cet échange que la lettre de Palladios, transmise par ailleurs de manière indépendante par de nombreux manuscrits, a été introduite dans deux des trois recensions du *Roman d'Alexandre*, les recensions A et γ, interpolée

69. Pseudo-Callisthène, III, 5-6 ; Jules Valère, III, 6.

70. U. Wilcken, « Alexander der Grosse und die indischen Gymnosophisten », *Sitzungsberichte der Preussischen Akademie der Wissenschaften* 23, 1923, p. 150-183. Voir aussi l'*Epitoma*, 79-83 (qui remonte à une version antérieure à celle de Plutarque) ; Plutarque, *Vie d'Alexandre*, 64 et Clément d'Alexandrie, *Stromates*, VI, 4, 38 (*SC* 446, p. 134-139), qui donnent un résumé des dix questions posées et des réponses des gymnosophistes. Dognini, 2008, p. 253-273, montre qu'aucune réponse des gymnosophistes ne présente des caractéristiques spécifiquement indiennes, et qu'elles proviennent, comme le pense Wilcken, d'une antique version du *Roman d'Alexandre* ou d'un récit de nature anecdotique, dépourvu d'historicité. Bosman, 2010, conteste le caractère cynique de ce papyrus.

dans le livre III[71]. Elle fait suite, dans le *Roman*, à la discussion par questions et réponses que l'on vient d'évoquer, qui s'était conclue par l'offrande des dons et la combustion de l'huile. L'interpolation est évidente et aisément reconnaissable, puisque, sans transition, la lettre de Palladios est intégralement citée, alors que sa première partie interrompt la progression du récit. Celui-ci reprend avec le texte du Pseudo-Arrien, nouvelle suite d'échanges entre des brahmanes anonymes, leur chef Dandamis et Alexandre.

Un état antérieur du Pseudo-Arrien

En 1959, la publication par Victor Martin du papyrus de Genève inv. 271, un recueil de diatribes cyniques, révéla un état antérieur de l'échange entre Dandamis, les brahmanes

---

71. Le Pseudo-Callisthène est connu par trois recensions principales : le texte A, donné par un manuscrit de Paris du XIe siècle, la recension β, dont les deux principaux témoins sont un manuscrit de Paris du XVe s. (texte B) et un manuscrit de Leyde du XVe (texte L), le texte C, celui d'un manuscrit de Paris de 1567. La lettre de Palladios et le traité du Pseudo-Arrien sont absents de la recension β (bien qu'elle s'en inspire en III, 5-6) : voir L. Bergson, *Der griechische Alexanderroman*, Rezension β, Uppsala, 1935 et H. van Thiel (éd.), *Der griechische Alexanderroman nach der Handschrift L*, Darmstadt, 1974. Ils constituent les chapitres 7-16 du livre III de l'édition de C. Müller de 1846. Julius Valerius, bien qu'il traduise un manuscrit de la recension A, ne les a pas retenus. La traduction française du Pseudo-Callisthène de G. Bounoure et F. Serret (faite sur le texte L) ne donne de cette interpolation qu'une rapide analyse ; quelques passages sont traduits dans les notes (p. 199-203). Parmi les réécritures plus tardives du *Roman*, la recension ε, qui date du VIIIe ou du IXe siècle, présente Alexandre sous les traits d'un empereur byzantin christianisé ; elle transforme largement l'épisode de sa rencontre avec les gymnosophistes en la situant dans l'île des Bienheureux ; Dandamis y devient Évanthès : *Vita Alexandri regis Macedonum*, J. Trumpf (éd.), Stuttgart, 1974. Des extraits en traduction sont donnés par Jouanno, 2010, p. 73-75. Sur la naissance du *Roman* et sa transformation à Byzance, voir C. Jouanno, *Naissance et métamorphoses du Roman d'Alexandre, Domaine grec*, Paris, 2002.

et Alexandre : on retrouve en effet dans les colonnes I-VIII de ce papyrus, quoique avec des omissions, des phrases supplémentaires et des variantes stylistiques, une partie du premier entretien d'Alexandre avec Dandamis (II, 22-32), suivi du récit du don de l'huile et d'un nouveau discours du brahmane (II, 37-43 et quelques fragments de 44 à 57)[72]. Le deuxième discours est suivi dans le papyrus de la lettre VII du Pseudo-Héraclite (qui date du Ier s.), plus longue que le texte connu jusqu'à présent, qui est pareillement une sévère critique des mœurs de ses contemporains[73].

Ce papyrus présente une partie de la version originale de l'ouvrage que Palladios attribue à Arrien. Son éditeur, qui le date de la première moitié du IIe siècle (cinq siècles après l'entretien qu'il prétend rapporter), considère que « l'épisode formait un tout qui a dû exister et circuler de façon autonome avant d'être inclus dans l'écrit de Palladios et de trouver place ensuite, comme partie de celui-ci, dans la version A du *Roman d'Alexandre* »[74]. Cependant, dans le papyrus qu'il éditait, le début et la fin du rouleau étaient manquants ; or, en 1988, Willis et Maresch publièrent des papyrus de Duke University (Pap. Rob. inv. 40) et de Cologne (Pap. Köln inv. 907) dont les quatre colonnes contenaient des fragments de II, 6-20 qui précèdent immédiatement le texte contenu dans les huit colonnes du papyrus de Genève[75]. Les deux discours, celui des brahmanes et celui de Dandamis, existaient donc comme une œuvre indépendante dès le IIe siècle (la seconde moitié du siècle

---

72. Martin, 1959, p. 83-93 (col. I-VIII).

73. *Ibid.*, p. 96-107 (col. IX-XV). La lettre du Pseudo-Héraclite a été éditée par J. Diggle, « Pseudo-Heraclitus : Pap. Genev. inv. 271, XIV, 40-42 », *Zeitschrift für Papyrologie une Epigraphik* 20, 1976, 299. Voir aussi A. Malherbe, *The Cynic Epistles : a study edition*, Missoula, 1977.

74. Martin, 1979, p. 79.

75. Willis-Maresch, 1988, p. 59.

n'est pas à exclure, selon Willis et Maresch), avant que Palladios ne les ajoute à son envoi. Il n'y a plus lieu d'y voir deux œuvres distinctes, ou de le découper en fragments d'origines diverses[76].

Les enseignements du texte et ses sources

Le contenu de ce texte, à la fois diatribe et présentation d'un idéal, soulève plusieurs questions : est-il seulement d'origine cynique ou peut-on y voir des éléments de sagesse indienne ? A-t-il subi des modifications avant que Palladios l'introduise dans son envoi ? Celui-ci lui en a-t-il apporté, et lesquelles ?

Ce texte est assurément un parfait exemple de diatribe cynico-stoïcienne. Il adopte d'abord le modèle de la rencontre, ou plutôt de l'*agôn*, la controverse, entre un philosophe et un souverain[77]. Certes, le dialogue entre un maître et un disciple est aussi une forme commune d'instruction doctrinale dans la littérature indienne, en particulier chez les bouddhistes[78], mais il n'y a rien d'exclusivement bouddhiste dans celui de Dandamis et d'Alexandre. Il a les formes de la diatribe grecque : oppositions rhétoriques, phrases brèves, personnifications, expressions abstraites ; on y remarque aussi l'omission fréquente de l'article. Il retient les thèmes classiques de cette diatribe, la condam-

76. Comme le supposaient Kurfess, 1949, col. 204-207, Kurfess, 1940, p. 139, et Berg, 1970, p. 275. Cracco Ruggini, 1965, p. 34, n. 71, cite plusieurs essais de découpage du texte. Elle-même, p. 44, suppose l'existence de deux diatribes distinctes.

77. Oliver, 1991, p. 51.

78. J. D. M. Derrett, « Greece and India : the Milindapanha, the Alexander-romance and the Gospels », *Zeitschrift für Religions- und Geistesgeschichte* 19, 1967, p. 33-64, pense qu'il n'est pas impossible que le *Roman d'Alexandre* ait pu influencer le Milindapanha ; Stoneman, 1995, p. 110-113.

nation de plusieurs aspects de la civilisation gréco-romaine, le goût de la richesse, qui est à l'origine des guerres de conquête, la violence, le luxe, les banquets, la consommation de viande et de vin. La condamnation se double, en contraste, de la louange d'une vie selon la nature, que les brahmanes appellent leur mère (II, 12). Cette vie selon la nature est marquée par un strict ascétisme, notamment sous la forme du nudisme et de la vie en plein air, qui est une preuve de courage (I, 6, 7), et sous la forme du végétarisme : le brahmane consomme les fruits de la nature sans les cuisiner au feu (II, 39), il ne boit que de l'eau du fleuve, il s'abstient de vin, qui alourdit l'esprit (II, 48), de viande, qui introduit des impuretés dans l'âme (II, 45). De manière plus générale, cet ascétisme vise le rejet total des désirs (*epithumiai*), des passions (*pathè*) qui rendent les hommes esclaves (II, 56) – celles de la richesse, de la nourriture et de la boisson (II, 50), du confort (II, 8), de la gloire (II, 9). La sagesse du brahmane le rend libre, il n'est dominé par rien ni personne (II, 3), il ne craint pas la mort, ce qui lui permet de parler sans crainte devant les rois, même quand il les critique (II, 27), il mène une vie immatérielle (II, 29). Bien qu'un passage (II, 53) s'en prenne aux philosophes stoïciens, l'idéal présenté dans le texte comporte plusieurs traits qui sont proches de leurs doctrines – telle l'affirmation que le bonheur consiste à vivre « en accord avec la nature », « selon la nature » (I, 11, II, 5, 10, 38) –, ou empruntés à elles, ainsi le concept de guerre contre les cinq sens (II, 6). Il comporte un trait original : bien qu'ils vivent dans la solitude, pour que leur esprit ne soit pas distrait par les bavardages des autres hommes (II, 42) et qu'ils se tiennent à l'écart des villes, lieux d'injustice (II, 43), les brahmanes déclarent qu'ils font preuve d'altruisme (« nous aimons toute nature humaine, nous avons compassion pour tout le genre humain », II, 55,

57), ils prônent le pacifisme et le partage, mieux encore l'amour de tous les hommes.

Les brahmanes apparaissent donc comme des cyniques modèles ; ils vont même au-delà de ce que prônaient les cyniques, en faisant preuve d'un ascétisme plus radical, en vivant en autarcie alimentaire, en refusant l'agriculture, la cuisson des aliments, les constructions, toute possession inutile « qui asservirait l'âme » (II, 37)[79]. Une autre différence concerne le but de leurs renoncements : alors que les cyniques recherchaient seulement à atteindre l'*ataraxia*, l'absence de trouble résultant de la modération des passions, les brahmanes prônaient l'extinction du désir, qui non seulement rend esclave, mais ne permet pas d'échapper au cycle des renaissances. Celui-ci ne peut avoir lieu que lorsque « l'être permanent a su conduire une dernière existence à l'écart de toute passion, de tout désir, de tout attachement, et par conséquent ne se réincarne pas »[80]. Enfin, les brahmanes avaient aussi des règles en matière de continence qu'on ne rencontre pas chez les cyniques, même si, chez les stoïciens dont ils sont proches, le sexe fait partie des « rois de la sottise », les cinq sens contre lesquels le sage doit lutter (II, 6).

D'autre part, comme l'a fait remarquer Hansen, le cynisme des brahmanes n'est pas celui des Grecs, c'est « un cynisme transformé par des pensées platoniciennes »[81] : les Grecs sont condamnés parce qu'ils ne se soucient pas de ce qui est « véritablement bon »[82], ce que recherche avant tout le brahmane (II, 42). Leur cynisme est également marqué par une grande piété et l'affirmation d'une relation per-

79. Muckensturm, 1993 et 1993a.
80. Dumézil, 1976, p. 556-557.
81. Hansen, 1965, p. 354.
82. Platon, *Phèdre*, 260a.

sonnelle avec Dieu, plusieurs fois invoqué comme « mon Dieu » (II, 27), avec lequel Dandamis s'entretient (II, 20), dont il dit qu'il est son ami, qu'il est présent en lui et l'inspire, dont il est un fils bien-aimé (II, 24, 25) et dont il attend la récompense dans l'au-delà (II, 39) – autant d'aspects qui avaient conduit les premiers commentateurs du texte à l'attribuer à un chrétien[83]. Cela n'est pourtant pas nécessaire, car des traits semblables sont présents chez des philosophes platoniciens ou stoïciens de cette époque, et la sanction de la conduite dans l'au-delà, ignorée des cyniques mais nettement affirmée dans le papyrus, existait dans les religions de l'Inde[84].

Le texte du Pseudo-Arrien présente donc les brahmanes comme des cyniques modèles, bien qu'avec des traits un peu particuliers. Mais les critiques de la vie des Grecs mises dans la bouche de Dandamis ou d'autres brahmanes et les caractéristiques de leur propre vie ont-elles quelque chose à voir avec la sagesse indienne, ou sont-elles empruntées uniquement à des modèles occidentaux ? Comme l'a remarqué Filliozat, les Occidentaux « sont longtemps restés, quant à la connaissance de l'histoire et de la civilisation (indiennes), tributaires des sources classiques et empreints des préjugés qu'elles avaient établis et qui se sont parfois combinés avec des observations directes mal comprises pour former encore des préjugés nouveaux »[85]. L'expédition d'Alexandre leur fit toutefois connaître l'existence de la philosophie et

---

83. Pfister, 1921 ; Coleman-Norton, 1926.

84. Mégasthène, *FGrHist.* 715 F 33 = Strabon XV, 1, 59 : « Ils inventent des fables, comme le fait Platon au sujet de l'immortalité de l'âme et les jugements dans l'Hadès ».

85. Filliozat, 1981, p. 97. Mégasthène conseillait de ne pas croire aux récits sur l'Inde antérieurs à l'expédition d'Alexandre (*FGrHist.* 715 F 11a = Strabon, XV, 1, 6).

de la sagesse brahmanique et quelques-uns de ses traits généraux. Il semble pourtant que lorsque Hippolyte de Rome, dans sa *Réfutation de toutes les hérésies (Élenchos)* écrite vers 220, décrit, d'une manière du reste assez stéréotypée, l'ascèse des brahmanes et ce qu'il appelle leur fausse doctrine, il n'ait pas tiré ses renseignements du Vedanta des Upanishad, mais pour une part importante de Mégasthène, et pour une autre part de sources gnostiques ou encratites (qui elles-mêmes ne semblent pas tributaires de sources indiennes)[86]. Hansen donne même quelques exemples qui laissent apparaître qu'Hippolyte a utilisé le papyrus de Berlin lui-même, ou l'une de ses versions[87].

Réagissant toutefois contre ceux qui ne veulent voir dans l'entretien entre Dandamis et Alexandre qu'une simple diatribe cynique, en particulier contre Beverly Berg[88], qui « omet toute référence à la philosophie indienne et considère l'œuvre comme simplement dérivée d'une pièce de doctrine cynique », et tout en reconnaissant que la base du texte reproduit par Palladios est bien d'origine cynique, R. Stoneman a cherché à montrer qu'« il y a dans le récit un fond (*bedrock*) indien »[89]. Il en voit les témoignages les plus nets dans la critique qui vise Calanos et dans la défense du végétarisme[90]. La critique répétée qui est faite de Calanos, qui ne se base pas sur un autre motif que son amour des richesses, semble provenir d'une controverse interne, parmi les brahmanes, sur la légitimité du suicide,

86. Hansen, 1965, p. 371 : « La plupart des notices qui sont tirées d'Hippolyte s'expliquent facilement à partir de ses sources grecques » ; Ducœur, 2001.

87. Hansen, 1965, p. 371-372.

88. Berg, 1970.

89. Stoneman, 1994, p. 500.

90. *Ibid.*, p. 509-510.

dont Calanos était un modèle tantôt loué, tantôt blâmé[91] ; notre texte a toutefois omis toute référence explicite à ce suicide, en se contentant d'une allusion indirecte (II, 5), ce qui signifie sans doute qu'il le désapprouve. En fait, les brahmanes étaient profondément divisés sur divers sujets – légitimité du suicide, moralité de la consommation de vin, nécessité de vivre la vie ascétique uniquement en Inde (ce que ne fit pas Calanos, qui accepta de suivre Alexandre en Perse)[92]. L'insistance sur sa condamnation, dans notre texte, est l'écho de ces divisions. Quant au végétarisme et à l'attitude envers les animaux, ils font l'objet, de la part de Dandamis, d'un développement particulièrement important (II, 45-47). À ses yeux, le végétarisme permet d'éviter la contamination morale provoquée par la consommation de viande ; il s'accompagne du refus de tuer les animaux, de compassion envers eux comme envers des « enfants de la terre », de l'horreur de la violence qui leur est faite, une attitude qui n'a rien de spécifiquement grec. Les brahmanes agissaient ainsi en vertu de la doctrine de l'*ahimsa*, qui interdit de tuer le moindre être vivant, mais rien ne nous est dit dans l'entretien de cette doctrine et de ce qui la fonde, la réincarnation, la transmigration de l'âme à travers plusieurs existences. Le végétarisme des brahmanes est donc plus strict et a d'autres fondements que celui qu'on rencontrait chez les Grecs. Les cyniques s'abstenaient de viande parce qu'ils estimaient qu'elle n'est pas nécessaire[93] ; les pythagoriciens interdisaient la consommation de la viande des animaux sauvages pour des raisons soit diététiques, soit morales ; Porphyre l'interdit

---

91. La mort volontaire du sage n'était pas une règle chez les brahmanes, souligne Mégasthène (*FGrHist.* 715 F 34a = Strabon, XV, 1, 68).

92. Bosworth, 1998, p. 202.

93. Exemples chez Berg, 1979, p. 289.

aux seuls philosophes comme étant la condition de la vie théorétique, car il pense qu'elle introduit dans l'homme les mauvais démons et les âmes des animaux tués[94] – ce que Dandamis affirme aussi à sa manière (II, 45). On a donc sur le végétarisme des ressemblances, mais une motivation de fond différente, qui semble avoir échappé aux Grecs.

Faut-il voir dans le papyrus, plutôt qu'un exposé de sagesse indienne, un écho des doctrines proprement encratites, qui eurent aux IIe et IIIe siècles de nombreux adeptes parmi les chrétiens ? Comme leur nom l'indique, les encratites attachaient une importance fondamentale à l'*enkrateia*, la maîtrise de soi, considérée comme la vertu chrétienne par excellence. Non seulement ils donnaient la préférence à la virginité sur toute autre vertu, mais ils allaient jusqu'à une condamnation *pratique* du mariage. Pour eux, la vie chrétienne supposait l'abstinence sexuelle totale : les célibataires étaient invités à ne pas se marier, les époux à se séparer ou à s'abstenir de relations. C'était aussi, en Inde, le cas des Sarmanes, qui « ignorent le mariage et la procréation », et auxquels Clément d'Alexandrie reproche d'agir ainsi par « haine de la chair », comme le font « nos encratites actuels »[95]. Hippolyte dit que les brahmanes n'ont ni femmes ni enfants, mais il connaît aussi ceux qui en ont et habitent de l'autre côté du fleuve[96]. De même, les brahmanes mariés dont parle Palladios pouvaient céder au désir sexuel à l'époque où la nature le favorise, deux mois par an, mais

94. Stoneman, 1994a, p. 507-509. Plutarque, *De la consommation de viande*. C'est pour Porphyre la condition de la vie théorétique : *De l'abstinence*, II, 43, 46. De même IV, 20, 8 : « L'âme qui poursuit son activité au moyen d'un corps sec et que n'arrosent pas les sucs de chairs qui lui sont étrangères est meilleure, non corrompue et plus sagace ».

95. Clément d'Alexandrie, *Stromates*, I, XV, 71, 5 ; *Stromates*, III, 7, 60, 1-4, qui dans ce passage parle de manière générale des brahmanes.

96. Hippolyte, *Élenchos*, I, 24, 3-4.

ils n'avaient plus de rapports avec leur épouse lorsqu'ils avaient eu deux enfants d'elle ; celle-ci, du reste, habitait à distance d'eux, de l'autre côté du fleuve, et s'ils n'avaient pas eu d'enfants après cinq ans de relations, ils cessaient de la voir (I, 13). Les encratites, d'autre part, pratiquaient le rigorisme moral dans tous les domaines, s'abstenant de manger de la viande et de boire du vin. Or Hippolyte, qui les tient pour des hérétiques et condamne leur attitude, considère que ce sont eux qui imitent les cyniques[97]. On a donc affaire à des pratiques semblables, mais il n'est pas nécessaire de chercher des sources encratites dans la présentation qui est faite ici par un auteur cynique de l'ascèse des brahmanes. Ce n'est pas davantage dans ces sources qu'il faut chercher la dénonciation des vices de la civilisation gréco-romaine. Certes, à la même époque, le principal représentant des encratites, Tatien, dénonce avec virulence, dans son *Discours aux Grecs*, les mêmes pratiques que celles que blâme Dandamis[98] ; Oliver a même trouvé chez lui quelques phrases « quasi identiques à celles du papyrus de Genève », « bien que, ajoute-t-il, nous n'irons pas jusqu'à le présenter comme l'auteur de ce papyrus »[99]. Les ressemblances sont bien réelles entre celui-ci et les textes encratites, mais on en trouverait tout autant entre ceux-ci et les auteurs qui sont contemporains, ou proches dans le temps, du papyrus de Genève, tels que Juvénal, Pétrone, Philon d'Alexandrie, Dion Chrysostome, Tertullien, et plus tard des auteurs chrétiens tels que Jérôme, Ambroise ou Augustin. Tous, sur ce point, tiennent pour condamner les mœurs gréco-romaines le même discours que les cyniques, avec les mêmes lieux communs,

97. *Ibid.*, VIII, 20, 1.

98. Tatien, *Discours aux Grecs*, 22-24.

99. Oliver, 1991, p. 58, n. 30, renvoie sur ce point à sa thèse, *Los diálogos entre el rey y el sabio en la época helenística*, Murcie, 1988.

tout comme le fait la lettre du Pseudo-Héraclite, qui dans le papyrus fait suite à l'entretien entre Dandamis et Alexandre.

On peut donc dire que, dans l'ensemble, le Pseudo-Arrien a composé le dialogue fictif entre Alexandre et Dandamis ou d'autres brahmanes à partir de données sur leurs pratiques qu'il connaît à travers les historiens d'Alexandre, dont les connaissances étaient, pour une part, indirectes, mais dont quelques-unes avaient été recueillies par eux dans le pays ; c'était le cas pour les récits de Mégasthène et Onésicrite – ce dernier étant un authentique philosophe. À partir de ce qui est rapporté de Calanos et de Dandamis, on constate que des membres de l'expédition d'Alexandre – parmi lesquels se trouvaient plusieurs philosophes : Callisthène, Anaxarque, Pyrrhon[100] – avaient acquis durant l'invasion de l'Inde une connaissance directe des pratiques des brahmanes et de la philosophie qui les inspire. Toutefois, parce qu'ils ne connaissaient pas la langue et n'avaient pas le temps d'analyser les traditions diverses et souvent conflictuelles de leur philosophie (dont témoigne l'opposition Dandamis-Calanos), ils s'étaient le plus souvent contentés de décrire ces pratiques de l'extérieur, en se servant des mots qu'ils jugeaient les plus proches de ce dont ils voulaient témoigner, sans toujours en comprendre le sens véritable[101]. Lorsque Onésicrite est envoyé par Alexandre interroger les gymnosophistes sur leur doctrine, Mandanis lui répond qu'il n'est

100. Arrien, *Anabase*, IV, 10, 11 (Callisthène) ; *ibid.*, IV, 9, 7 ; Plutarque, *Vie d'Alexandre*, 52 ; Diogène Laërce, IX, 58 (Anaxarque) ; *ibid.*, IX, 61 (Pyrrhon).

101. Bruseker, 2010, compare les données sur Calanos et Dandamis fournies par les auteurs grecs, en particulier Arrien, Strabon et Plutarque, avec les sources védiques. Selon lui, ces deux philosophes représentent un composé de philosophie indienne qui est le résultat d'un effort des philosophes compagnons d'Alexandre pour comprendre et décrire la philosophie indienne.

pas en état de lui démontrer l'utilité de celle-ci parce que leur conversation se fait à travers « trois interprètes qui, en dehors de la langue, ne comprennent rien mieux que les autres »[102]. La difficulté de communication ne doit pas être sous-estimée : elle explique l'imprécision ou le caractère superficiel des informations recueillies et le fait que ceux qui les ont transmises ont eu tendance à les rapprocher de leurs propres doctrines, voire à les confondre avec elles. Ainsi Onésicrite, en rapportant sa rencontre avec les gymnosophistes, en a-t-il profité pour faire un exposé de la doctrine de l'école cynique dans laquelle il avait été formé[103].

Le Pseudo-Arrien, en rédigeant son texte, n'a pas poussé son enquête au-delà de ce que lui fournissaient ses sources. Aussi, s'il transmet bien d'authentiques renseignements sur le mode de vie des brahmanes qui vivent avec Dandamis – il est un maître avec des disciples, qui le recommandent à Alexandre (II, 14) –, il semble ignorer nombre de leurs caractéristiques. Il ne dit mot de la distinction entre les diverses catégories de brahmanes (or Dandamis semble appartenir à la classe la plus élevée, celle des Garmanes) ; il ne mentionne pas davantage les étapes qui scandaient leur vie[104]. S'il énumère de manière exacte des traits concrets de l'ascèse brahmanique et de leurs pratiques – leur nourriture végétarienne (I, 12 ; II, 7, 24), leur vêtement (de feuillages, nudité, II, 7, 38), l'endroit où ils vivent (la forêt : II, 7, 13), le sacrifice par combustion d'huile (II, 39) –, s'il en a retenu le but essentiel, qui est de se libérer du désir, pour qu'à la fin l'âme soit libérée du

102. Strabon, XV, 1, 64.

103. Stoneman, 1995, p. 103-104.

104. Les *Lois de Manou* distinguent le novice (qui le reste 36 ans – 37 selon Mégasthène, *FGrHist.* 715 F 33 = Strabon, XV, 1, 59), le maître de maison, l'ermite habitant les forêts, l'ascète mendiant (*Les Lois de Manou*, livres III, IV, VI).

corps (II, 15, 17), il ne relie pas explicitement celui-ci à la doctrine indienne de la transmigration des âmes à travers plusieurs existences. Il y a donc des éléments de philosophie indienne authentique dans le Pseudo-Arrien, mais ils sont empruntés essentiellement à des sources historiques occidentales, aux récits des historiens d'Alexandre ; il ne nous dit « rien de nouveau sur la connaissance qu'avaient les Grecs de l'Inde »[105]. Il contient aussi des données littéraires plus anciennes, telles celles d'Hérodote ou de textes divers, et à son cynisme se mêlent des idées platoniciennes et stoïciennes.

Aucune influence chrétienne directe n'apparaissait dans le papyrus, mais la présentation de l'idéal ascétique vécu par les brahmanes, la relation avec Dieu revendiquée par Dandamis, l'affirmation qu'il devrait rendre compte de sa vie après sa mort (II, 42, 43), sans parler de la condamnation de plusieurs aspects de la civilisation gréco-romaine, ne pouvaient que plaire aux chrétiens, car elles s'accordaient avec leurs propres enseignements ; aussi adoptèrent-ils sans difficulté le texte du papyrus. Plusieurs auteurs chrétiens, avant Palladios, avaient évoqué avec faveur (quoique parfois avec quelques critiques) la sagesse des brahmanes[106] ; l'exemple d'ascèse qu'ils offraient devait plaire particulièrement aux moines, ce qui explique l'usage qu'en fit Palladios, qui lui-même avait beaucoup fréquenté les moines lors de son séjour en Égypte et avait fait d'eux une description élogieuse dans l'*Histoire lausiaque* : l'exemple des

---

105. Stoneman, 1995, p. 114.

106. Clément d'Alexandrie, *Stromates*, I, XV, 68 ; III, VI, 602 ; Tertullien, *Contre Marcion*, I, 13, 3, loue la doctrine sur Dieu des gymnosophistes, mais dans l'*Apologétique*, 42, 1 il les traite d'« exilés de la vie », pour défendre les chrétiens de ce reproche. Jérôme parle d'eux à diverses reprises : *Lettre* 53, 1 ; 107, 8 ; *Contre Jovinien*, I, 4. Voir aussi Breloer-Bömer, p. 105-106.

brahmanes lui fournissait un précédent pour leur mouvement, son organisation et ses pratiques ascétiques.

Le texte du papyrus, dans son ensemble, fut donc lu avec sympathie par les chrétiens, mais ceux-ci le retouchèrent ici et là : la mention occasionnelle des dieux (*theoi*) fut remplacée par celle de Dieu (*theos*)[107] (celui-ci, dans le papyrus, est cependant toujours invoqué au singulier par Dandamis, dont le discours est celui d'un strict monothéiste), le mal (*kakon*) fut personnalisé, la « mauvaise nation des Grecs » devint un « mauvais démon »[108], la « Providence » (*pronoia*) remplaça la « terre » nourricière[109]. La Providence toutefois n'est pas un concept uniquement chrétien : elle est plusieurs fois citée chez Diodore dans son récit de l'expédition d'Alexandre, elle est la divinité qui préside à travers le *Roman d'Alexandre*[110], elle est aussi très présente dans l'enseignement d'Épictète, qu'Arrien a diffusé dans ses *Entretiens*[111]. Il reste qu'elle tient une place particulièrement importante dans notre texte, où elle est dix-sept fois mentionnée, tant pour son rôle dans la création que dans celui de dispensatrice des dons de Dieu. L'invocation à la Sagesse mise dans la bouche d'Alexandre (II, 2) va dans le même sens ; absente du papyrus, qui ne commence qu'en II, 22, elle est probablement un ajout chrétien, qu'il n'est pas nécessaire, comme on l'a fait, de rapporter à la gnose hérétique[112]. La Sagesse qu'invoque Alexandre, qualifiée de mère de la Providence, créatrice et inspiratrice,

107. *Pap. Genev.*, inv. 271, col II, 29 et 42 et Palladios II, 30.

108. *Pap. Genev.*, col. I, 48 et Palladios II, 31. Il est aussi question d'un « démon scélérat » en II, 45 (lacune du papyrus).

109. *Pap. Genev.*, col. I, 23 et Palladios II, 24.

110. Diodore de Sicile, XVI, 92, 2 ; XVII, 49, 4 ; 103, 7 ; Stoneman, 1994, p. 502.

111. Arrien, *Entretiens d'Épictète*, I, 6, 16.

112. Voir note au texte (Palladios, II, 2).

est personnalisée et remise dans un contexte théologique chrétien. D'autre part, si le papyrus se référait déjà plusieurs fois à l'activité créatrice de Dieu (col. I, 15, 51-52 ; II, 4, 51) – une doctrine que brahmanes partageaient avec les Grecs, dit Mégasthène[113] –, notre texte déclare que les hommes sont fils de Dieu (II, 26), œuvres de Dieu, créés par la main de Dieu (II, 47)[114], des ajouts qui sont probablement dus à un relecteur chrétien, Palladios ou un autre relecteur avant lui.

D'autres retouches discrètes ont été apportées par Palladios lui-même, comme l'a montré Desantis : ce sont celles d'un disciple d'Évagre le Pontique[115]. Lorsque l'auteur fait remarquer que les brahmanes accèdent à une certaine connaissance (*gnôsis*) de Dieu, mais imparfaite, et qu'ils ne peuvent vraiment comprendre les « raisons de la Providence » (I, 11)[116], les dispositions prises par Dieu pour sauver les êtres rationnels, il utilise des concepts évagriens. S'il admet que les brahmanes puissent accéder quelque peu à cette connaissance, c'est parce que l'ascèse qui les a conduits à la victoire sur les passions est semblable à la « pratique » (*praktikè*) évagrienne[117]. L'image du corps comme vêtement de l'âme (II, 17), l'idée que l'âme a été

113. Mégasthène, *FGrHist.* 715 F 33 = Strabon, XV, 1, 59.

114. Ces passages sont absents du papyrus de Genève.

115. Desantis, 1992, p. 38-41. Palladios considérait Évagre, auprès duquel il vécut pendant dix ans, dont il parle à plusieurs reprises et auquel il consacre le tout le chapitre 38 de l'*Histoire lausiaque*, comme son maître spirituel. Voir R. Draguet, « L'*Histoire lausiaque*, une œuvre écrite dans l'esprit d'Évagre », *Revue d'Histoire Ecclésiastique* 41, 1946, p. 321-344.

116. Ce sont ces raisons que doit méditer constamment le gnostique (Évagre, *Le Gnostique*, 48).

117. « Le pratique, c'est celui qui a seulement acquis l'impassibilité de la partie passionnée de son âme » (Évagre, *Le Gnostique*, 2). Voir aussi son *Traité pratique*, éd. et trad. par Antoine et Claire Guillaumont, Paris, 1971 (*SC* 170-171).

abandonnée un temps par Dieu dans le monde (II, 39) sont aussi des idées évagriennes, que l'on retrouve dans l'*Histoire lausiaque*[118]. Et de même qu'Évagre affirme que les astres – qui sont pour lui des intellects corporels – ont le devoir d'assister les anges pour le salut des hommes[119], de même Dandamis déclare que les astres, le soleil et la lune sont les yeux de Dieu (II, 27). Quant aux vices que provoquent chez l'homme les ennemis intérieurs (I, 6), Palladios a pu en trouver la liste chez Évagre, mais ils étaient aussi dénoncés dans les mêmes termes par les stoïciens.

L'édition du texte grec

La première édition de la version grecque originale du *Commonitorium Palladi*, datée de 1569, est due à Joachim Kammermeister (Camerarius). Elle est basée sur le *Vindobonensis hist. gr*. 121, un manuscrit contenant la recension A du Pseudo-Callisthène, que l'éditeur avait obtenu de Constantinople ; elle est accompagnée d'une traduction latine de son cru[120]. En 1665, Sir Edward Bysshe (Bissaeus) publia une nouvelle édition basée sur un manuscrit de Londres aujourd'hui perdu, accompagnée elle aussi d'une traduction latine de son cru et suivie de la traduction latine attribuée à saint Ambroise, tirée de l'édition sixtine de ses œuvres[121]. En 1846, Karl Müller publia une édition du

118. Palladios, *Histoire lausiaque*, 47, 6.

119. « Ce ne sont pas seulement les anges saints qui travaillent avec nous à notre salut, mais aussi les étoiles elles-mêmes » (Évagre, *Kephalaia gnostica*, VI, 88).

120. Kammermeister, 1569, p. 110-149 ; traduction latine p. 253-294 (l'ensemble du texte est accessible en ligne).

121. Bissaeus, 1665, p. 1-54 (texte grec et traduction juxtaposés), p. 57-84 (*Sancti Ambrosii Tractatus in quo loca, doctrinam, mores Bragmanorum describit*). Une réédition de l'ouvrage eut lieu en 1668 (la version de 1665 est accessible en ligne).

Pseudo-Callisthène qui comportait le *Commonitorium*[122]. En 1920, L. Früchtel soutint une thèse sur ce texte, mais il ne publia qu'en 1939 la première partie de celui-ci[123].

En 1960, J. Duncan Martin Derrett publia une nouvelle édition critique du *De vita Bragmanorum Narratio*[124]. Il ne se servit du papyrus de Genève, publié à la même date, que pour dire que sa publication n'avait apporté de lumière ni sur l'attribution à Arrien de la deuxième partie de l'ouvrage, ni sur la question de l'identité de Palladios, ni sur l'attribution à Ambroise d'une des traductions latines de l'ouvrage[125]. Il a en revanche proposé une préhistoire du texte utilisé par Palladios, celui qui rapporte l'entretien d'Alexandre et des brahmanes. Selon lui, ce texte a connu, en grec, des amplifications qui ont abouti en un premier temps à une *Versio augmentata*, version conjecturale dont il recherche des éléments dans cinq manuscrits, dans les *Excerpta Palladi* (présents dans onze manuscrits)[126] et dans la copie d'un large fragment de l'ouvrage, le *Summarium Palladi*, présent dans l'*Athous Iviron* 408. À la *Versio augmentata* a succédé une *Versio ornatior* élargie, due à un rédacteur chrétien, peut-être Palladios lui-même, sans doute constituée au ve siècle. Il distingue même deux recensions de la *Versio ornatior*, la recension Θ et la recension Σ, et

122. Müller, 1846, p. 102-120 ; le *Commonitorium* (Pseudo-Callisthène III, 7-16) fut republié par Müller en 1877 en supplément à l'édition d'Arrien due à Deubner.

123. Breloer-Bömer, 1939, p. 177-182. Früchtel, 1920, a utilisé le *Parisinus Coislin* 83 (Derrett, 1960, p. 69).

124. Derrett, 1960, p 100-135.

125. *Ibid.*, p. 100. Les articles de Martin, 1949 et de Photiadès, 1949 sont cités p. 66, n. 14.

126. Berghoff, 1967, p. 15*. Hansen, 1965, p. 367-368, ne croit pas que ces *excerpta* représentent une recension particulière, mais qu'ils proviennent d'un manuscrit meilleur que Q et Z.

comme il estime que la recension Θ influença la recension Σ, il fonde son édition sur celle-là, qui est constituée du *Parisinus Coislin* 83 (Q), le principal représentant de cette recension, du *Brit. Mus. Arundel* 546 (Z) et de l'*Athous Iviron* 408 (F)[127]. Mais « la consultation de la *Versio ornatior* semble avoir cessé quand la *Versio ornatior et interpolata* fut en circulation »[128]. C'est cette dernière version, encore élargie, qui est présente dans la majorité des manuscrits et dans les recensions A et γ du Pseudo-Callisthène ; elle ne présente du reste que des ajouts peu significatifs par rapport à la *Versio ornatior*[129].

Dans la thèse qu'il a présentée en 1966 à la Faculté de Philosophie de l'Université de Cologne (dont les rapporteurs étaient R. Merkelbach et A. Dihle), W. Berghoff a donné une nouvelle édition de ce texte, sous le titre *De gentibus Indiae et Bragmanibus*. Moins convaincu que son prédécesseur que la recension Θ était la plus proche du texte primitif, ne voulant pas non plus donner un texte composite, il édite le texte de la recension Σ, qui lui paraît le meilleur, et qui reproduit la *Versio ornatior et interpolata*. Celle-ci est représentée à la fois par le *Parisinus gr.* 1711 du XIe siècle, manuscrit contenant le Pseudo-Callisthène (Ps. Kall. A), dont sont très proches le *Parisinus gr.* 1579 (P) et le *Vindobonensis hist. gr.* 121 (ψ) – celui qu'avait utilisé Camerarius. Trois autres manuscrits du Pseudo-

127. Derrett, 1960, p. 71-73, p. 101-106 ; Derrett, 1962, p. 21-23. Il existe même, selon lui, deux versions différentes de la *Versio ornatior* : l'une contenue dans deux manuscrits, le *Parisinus Coislin 83* et le *Brit. Mus. Arundel 546,* l'autre conservée seulement en partie par l'*Athous Iviron* 408.

128. Derrett, 1960, p. 81.

129. *Ibid*., p. 95-97, met en parallèle quelques passages de la *versio ornatior* et la *versio ornatior et interpolata*. Il édite ensuite, p. 97-99, les *Excerpta Palladii.*

Callisthène (Ps. Kall. γ), le *Bodleianus Baroccianus* 20 (R), le manuscrit de l'Istituto Ellenico de Venise 5 (D), le *Parisinus suppl. gr.* 113 (C), ont été également utilisés par Berghoff, sans compter les manuscrits de la recension Θ[130]. Il existe dix-huit autres manuscrits de la recension Σ[131].

La présente traduction est faite sur l'édition de Berghoff.

Les versions latines

L'ouvrage du Pseudo-Callisthène a fait l'objet, au IVe siècle (après 337), d'une traduction de Jules Valère (Iulius Valerius), les *Res gestae Alexandri Macedonis translatae ex Aesopo graeco*. Grâce à cette traduction, le roman d'Alexandre aura en Occident un succès durable. Cette première traduction a été faite d'après un manuscrit de la recension A, mais qui ne comportait pas encore l'interpolation de Palladios, faite seulement au Ve siècle.

De cette interpolation elle-même, qui figure dans la plupart des manuscrits des deux recensions grecques du Pseudo-Callisthène (A et γ), trois autres traductions latines ont été publiées ensuite sous des titres divers (*Commonitorium Palladi* ou *De moribus* [ou *De vita*] *Brachmanorum*). La plus ancienne se trouve dans le *Vaticanus lat.* 282 (XIe siècle) et quelques autres manuscrits[132], et elle a été revendiquée pour saint Ambroise (*Dicta Sancti Ambrosii de vita Bragmanorum*). Cette attribution s'explique dans la mesure où Ambroise avait entendu parler de Calanos, dont il cite un extrait d'une lettre qu'il a lue chez Philon d'Alexandrie[133]. Le dernier éditeur de cette version, Pritchard, estime qu'il n'est pas impossible que l'évêque

130. Berghoff, 1967, p. 1*-12* ; *stemma* p. 27*.
131. Liste dans Berghoff, 1967, p. 13*-14*.
132. Liste en Wilmart, 1933, p. 32, n. 2 ; Berghoff, 1967, p. 17*.
133. Voir *supra*, p. XII n. 16.

de Milan ait été intéressé par notre texte, tout en n'allant pas jusqu'à lui en attribuer la paternité[134]. Cette première traduction, selon Wilmart, « a toutes les notes d'une traduction directe et ancienne » ; malgré plusieurs contresens et des simplifications, elle « suit son modèle assez fidèlement et le représente bien »[135]. Il l'appelle la version V.

Une deuxième traduction, la version B, faite sans doute peu après la première, est connue par un seul manuscrit de Bamberg, le *Bambergensis* E III 14, copié au XIe siècle en Campanie ; elle comporte la première partie du texte, la lettre de Palladios et une partie de la seconde (II, 1-11)[136]. Wilmart et Pfister pensaient que cette version était en relation directe avec la précédente, tout en l'abrégeant ; Pritchard, qui a récemment édité la version V, en est peu convaincu : il considère que, malgré des ressemblances, elles diffèrent trop pour que l'une soit purement et simplement une réécriture de l'autre ; celle du manuscrit de Bamberg, moins élégante et très simplifiée, est donc une traduction indépendante[137].

Une troisième traduction, reposant sur des manuscrits du Vatican, de Milan et de Florence, figure dans l'édition sixtine des *Opera omnia* de saint Ambroise publiée en 1585[138]. E. Bysshe la joignit à son édition du texte grec, après sa

---

134. Ce texte a été édité en partie une première fois par G. Bernhardy, *Analecta in Geographos Graecorum minores*, Halle, 1850, p. 43-47. Pritchard, 1993, p. 109-139 (111) l'a édité dans sa totalité à partir de quatre manuscrits.

135. Wilmart, 1933, p. 40 et 41. Il donne le texte de cette traduction, mais seulement pour la première partie (I, 1-15) à partir du *Vaticanus lat.* 282 et du *Vaticanus Reg. lat.* 126 (p. 34-40).

136. Kübler, 1891, p. 210-216.

137. Wilmart, 1933, p. 41 ; Pfister, 1910, p. 1-9 ; Pritchard, 1993, p. 111 et 112.

138. *Operum sancti Ambrosii episcopi tomus quintus*, Rome, 1585, p. 425-433.

propre traduction latine, ce que fit également Müller ; elle a été retenue dans la *Patrologie latine* de Migne parmi les œuvres d'Ambroise, mais l'éditeur, après Pétrarque, lui en retire la paternité « en raison de la différence de style, qui semble être très loin de la gravité d'Ambroise, de l'élégance et de la finesse de son vocabulaire »[139]. Brunel y verrait volontiers l'œuvre d'un moine disciple d'Ambroise[140]. C'est, dit Wilmart, « une recension arbitraire, probablement composée par un humaniste, qui se choquait de la rudesse de l'ancienne traduction ». Des termes ont été changés, la syntaxe équilibrée, l'ordre des parties modifié, des développements ajoutés. L'œuvre, de surcroît, non seulement a été mise sous le nom de saint Ambroise, mais celui-ci y prend la place du narrateur. Cette version S, « qui prend l'air d'un faux »[141] (et qui pourtant a été longtemps la plus connue), se présente ainsi comme une lettre adressée à Palladios par Ambroise, qui lui rapporte les propos d'un certain « *Musaeus Dolenorum episcopus* » (déformation de « *Moses Adulitarum episcopus* » ?) ; elle contient et la lettre de Palladios, et les entretiens d'Alexandre et de Dandamis[142]. Derrett a fait remarquer que « le texte du Vatican [la première traduction] et la plus grande partie de la Sixtine sont identiques », au moins dans la partie II[143].

Une quatrième traduction a été faite par un certain Léon, archiprêtre à Naples (entre 951 et 959), sous le titre *Victoria et nativitas Alexandri*, à partir d'un manuscrit du

---

139. Notice avant le texte, reproduite en *Patrologia latina* 17, 1167-1168. Pétrarque disait : « *non* […] *redole*[ ]*t Ambrosii stylum* ». Derrett, 1960, p. 101, tient pour possible qu'Ambroise soit le traducteur.

140. Brunel, 1978, p. 43.

141. *Ibid.*, p. 41.

142. *Patrologia latina*, 17, 1167-1184. Édition plus récente de V. Scheiwiller, 1956.

143. Derrett, 1960, p. 81 et n. 78.

Pseudo-Callisthène (recension δ) qu'il avait découvert à Constantinople, où il avait été envoyé en mission par son patron, le duc Jean III de Campanie[144]. Une version retravaillée de cette traduction fut faite au XIe siècle et publiée sous le titre d'*Historia Alexandri Magni regis Macedonis de preliis* (J1). Cette version reçut un peu plus tard des interpolations – extraits d'Orose, de Valerius Maximus et d'autres auteurs ; au XIIIe siècle, on améliora le style de la version (en créant une version J2) et on y ajouta des interpolations de nature moralisante (c'est la version J3)[145]. On connaît de ces trois versions près d'une centaine de manuscrits ; elles seront à la base de plusieurs écrits en langues vernaculaires. « Aucune version du *Roman d'Alexandre* n'a eu une plus large influence ni produit davantage de postérité en langue vernaculaire que ce misérable (*wretched*) petit livre »[146]. L'*Historia de preliis* ne comportait pas la lettre de Palladios.

---

144. La version la plus proche du texte de Léon est donnée par le manuscrit de Bamberg III E III, 14 ; elle est éditée par Friedrich Pfister, éd. et trad., *Der Alexanderroman des Archipresbyters Leo*, Heidelberg, 1913.

145. Sur les versions de l'*Historia de preliis*, voir Hermann-Josef Bergmeister (éd.) : Die Historia de preliis *Alexandri Magni. Synoptische Edition der Rezensionen des Leo Archipresbyter und der interpolierten Fassungen J1, J2, J3 (Buch I und II)*, Meisenheim, 1975 ; G. Cary, *The Medieval Alexander*, Cambridge 1956, p. 38-58 ; D. M. Krantz, The Romances of Alexander, New-York, 1991, p. IX-XXXVII : intr. à l'*Historia de Preliis*, trad. angl. sur l'éd. de Pfister (rec. J. 1), trad. d'extraits des recensions J2 et J3, de la lettre d'Alexandre sur les merveilles de l'Inde et du texte du voyage d'Alexandre au paradis ; Cizek, 2014, dans Gaullier-Bougassas, t. I, p. 115-173 ; *id.*, Sur les remaniements de l'*Historia de preliis*, dans id., t. IV, p. 30-48. Liste complète des éditions des trois recensions de la *Collatio* III (dans l'*Historia de preliis*) dans Steinmann, 2012, p. 342 (A. Hilka et K. Steffens, *Rezension* J1 ; A. Hilka, *Rezension* J2 ; K. Steffens, *Rezension* J3, Meisenheim, 1979, 1976-1977, 1975).

146. David J. A. Ross, *Alexander Historiatus : A Guide to Medieval Illustrated Alexander Literature*, Francfort, 1988², p. 47.

II. La *Collatio Alexandri et Dindimi*

Si le Pseudo-Arrien reprenait un texte antérieur, lui-même eut des échos dans la *Collatio Alexandri cum Dindimo per litteras facta* (plus couramment désignée comme la *Collatio Alexandri et Dindimi*), un texte latin du début du Ve siècle qui s'en inspire assez largement. Hansen le datait de peu après 400[147], Steinmann le date de 410-420 et démontre, à l'inverse de ce qui a été dit par plusieurs de ses prédécesseurs[148], qu'il ne s'agit pas de la traduction d'un original grec[149]. On en connaît trois versions et 83 manuscrits, qui s'échelonnent entre le IXe – date à laquelle ce texte est mentionné pour la première fois par Alcuin – et le XIIIe siècle[150]. La version la plus ancienne et la plus étendue (*Collatio* I) est connue par 56 manuscrits[151]. La *Collatio* II est une version plus brève datant du Xe siècle, connue par un seul manuscrit[152] – elle compte 362 lignes contre 498 pour la *Collatio* I ; elle fut sans doute faite à Naples au Xe siècle. La *Collatio* III l'a développée et modifiée : c'est elle que l'on trouve dans les trois versions de l'*Historia de Preliis*[153]. La version ici traduite est la *Collatio* I.

147. Hansen, 1965, p. 373.

148. Kübler, 1891, p. 205 ; Pritchard, 1995, p. 257.

149. Steinmann, 2007, p. 8, 148 ; 2012, p. 78-79, 337. Avant lui Morelli, 1920, p. 57 ; Kurfess, 1949, col. 206.

150. Steinmann, 2012, p. 98-113.

151. Éditée par Bysshe, 1565, Kübler, 1888 (3 mss.), Pritchard, 1995 (9 mss.), Steinmann, 2000 (basée sur Pritchard, modifiée dans environ 24 passages) et 2012 (75 mss.).

152. *Bambergensis Hist.* 3, autrefois E III : cette version a été éditée par Kübler, 1891, p. 169-189.

153. Voir Steinmann, 2012, p. 54. Cette version ne se trouve pas dans l'édition de Pfister de 1913.

La *Collatio* – rencontre, entretien, qu'on pourrait aussi appeler confrontation (*pugna*, *disputatio*, *altercatio*, *tractatio*) ou comparaison de points de vue différents (*comparatio per contrarium*)[154], est constituée de cinq lettres, trois d'Alexandre et deux de Dindime[155]. Même si le Pseudo-Callisthène et l'*Epitoma* mentionnent l'existence d'une lettre des brahmanes à Alexandre avant son arrivée à Taxila et que Palladios semble faire allusion à une lettre de Dandamis antérieure à son dialogue avec lui[156], il s'agit d'une correspondance fictive, qui s'inscrit dans une tradition gréco-romaine de correspondances apocryphes, dont il est « peu probable que la rédaction [...] se soit inspirée de *realia* »[157]. Comme le traité de Palladios, la *Collatio* s'inspire essentiellement de sources occidentales ; elle ne nous apprend rien de neuf sur les brahmanes.

La première lettre, d'Alexandre, demande à Dindime de lui donner des renseignements exacts sur la vie des brahmanes. La réponse de Dindime comporte deux parties : l'une, placée sous le signe du « nous » (les brahmanes), présente leur vie selon la nature, marquée par la simplicité, l'égalité et l'innocence. Elle l'oppose à celle d'Alexandre et de ceux qui partagent avec lui la civilisation gréco-romaine (« vous »). Le brahmane blâme leurs pratiques funéraires (l'incinération et le luxe des sépultures, dénoncés avec des accents cyniques), leurs guerres, leurs expéditions commerciales, leurs crimes divers – dont leurs

---

154. Cizek, 1986, p. 114, qui rapproche cet entretien de ce que Cicéron appelait *causa ex aliqua comparatione iuncta*, une cause complexe constituée d'une alternative (*De inventione*, I, 17).

155. Liénard, 1936 ; Kurfess, 1940, p. 142-151 critique les rapprochements que proposait Liénard, qu'il trouve peu convaincants ; Ross, 1956 ; Pritchard, 1946 ; Steinmann, 2001, 2014.

156. Pseudo-Callisthène, III, 5 ; *Epitoma*, 72-74 ; Palladios, II, 57.

157. André-Filliozat, 1986, p. 389.

dieux eux-mêmes donnent l'exemple –, leurs spectacles, et il leur oppose ceux des brahmanes, la contemplation du monde ; il justifie leur rejet de l'agriculture, du commerce, de la rhétorique, des doctrines des philosophes, trop souvent contradictoires. La deuxième partie s'en prend à la religion traditionnelle des Grecs et des Romains, condamne les sacrifices et les pratiques du culte rendu à de multiples dieux (2, 16-20). Il dénonce l'existence de ces dieux avec des arguments proches de ceux des Épicuriens, en montrant par des exemples précis qu'ils ne sont que les projections des angoisses des hommes (2, 21). Plusieurs des thèmes de sa diatribe étaient déjà présents chez Palladios, ou plutôt chez le Pseudo-Arrien, mais quelques-uns, telle la critique des pratiques religieuses païennes, y étaient peu développés.

La première réponse d'Alexandre, assez brève, traduit sa surprise devant une vie aussi parfaite, qui pourrait faire prendre les brahmanes pour des dieux, mais aussi son rejet (*refutatio*), exprimé de manière sarcastique, car leur mode de vie lui semble être de la démence plutôt que de la philosophie (3). Dans sa réponse, Dindime réfute les accusations d'Alexandre : il défend d'abord l'attitude des brahmanes envers Dieu, auquel ils ne s'identifient pas mais dont ils s'efforcent de devenir les amis en s'attachant à ce qui est le meilleur ; il critique à nouveau le culte que les Gréco-Romains rendent aux dieux (4, 2-3). Alexandre répond à la fois en accusant et en faisant des contre-propositions : il affirme que la vie des brahmanes n'est pas heureuse, vu les obligations qu'ils se sont créées – pauvreté, jeûnes, continence –, et qu'ils changeraient de conduite s'ils pouvaient librement choisir un autre lieu et un autre mode de vie (5, 1-4), il plaide enfin pour une conduite raisonnable, qui sache s'adapter aux diverses circonstances de la vie et qui accepte un usage modéré des plaisirs de celle-ci (5, 5-6).

Bien que la *Collatio* s'inspire de Palladios, sa structure et son message sont différents. Si la critique de la civilisation gréco-romaine de la *Collatio* est proche de celle de Palladios, le regard qu'elle porte sur l'ascèse des brahmanes n'est plus le même. Palladios et le Pseudo-Arrien n'émettaient aucune réserve sur les pratiques des brahmanes, implicitement présentés comme des modèles pour les moines chrétiens (Palladios relevait toutefois d'un mot ce qui lui apparaissait comme une caractéristique de ces derniers : ils vivent séparés *par choix* (I, 11), à l'inverse des brahmanes, qui le sont par décision divine). Alexandre, au terme de leur entretien, louait la sagesse de Dandamis, se retirait charmé de son entretien avec lui (II, 32, 35, 40). Il ne se défendait des critiques qu'il lui adressait qu'en invoquant les devoirs de sa charge (II, 33). Dans la *Collatio* au contraire, après que Dindime a présenté longuement le mode de vie des brahmanes, Alexandre critique celui-ci et le déclare déraisonnable ; bien plus, il lui oppose un concept aristotélicien de la vertu fait de modération et de bon sens, celui que peuvent adopter des « hommes raisonnables »[158] lorsque leur libre arbitre n'est « entravé par la loi d'aucune privation de nourriture » (5, 5) ou par une continence « imposée par des jeûnes obligatoires » (5, 4). Et c'est à lui, finalement, qu'est laissé le dernier mot. D'où l'hypothèse fréquemment avancée que la *Collatio* est issue de milieux chrétiens qui réprouvaient l'ascétisme exagéré des premiers moines, en particulier leur rejet du mariage[159]. Des critiques proches de celles de ce texte sont présentes à la même époque chez Jovinien et Vigilance, que combattit Jérôme, et chez le païen

158. *Collatio Alexandri et Dindimi*, lettre 3 et lettre 5, 5 (*nobis, id est rationabilibus hominibus*).

159. Liénard, 1936, p. 825-828 ; Morelli, 1920, p. 73-74 ; Hansen, 1965, p. 373 ; Oliver, 1990, p. 60.

Rutilius Namatianus dans son poème *Sur son retour*[160] ; Jean Chrysostome répond à des critiques du même ordre dans son traité *Contre les détracteurs de la vie monastique*[161]. L'Ambrosiaster, sans attaquer le monachisme, défend le mariage[162], et l'auteur des *Questions d'un païen à un chrétien*, tout en défendant le monachisme, déclare nettement qu'il ne condamne pas le mariage, qui est « une forme de vie […] basée sur une conduite sobre »[163]. L'auteur de la *Collatio* n'est pourtant pas « un ennemi du monachisme sous toutes ses formes, mais il est rebuté à la fois par les pratiques extrêmes de certains moines et, surtout, par la contrainte qui s'exerce sur leur choix de vie ; c'est probablement un laïc plutôt qu'un clerc »[164]. Profitant du renouveau d'intérêt pour la figure d'Alexandre, qui avait, tout comme les brahmanes, une réputation de philosophe[165], il veut tenir sous un manteau païen un discours chrétien modéré sur l'ascèse, en le faisant reposer sur le concept aristotélicien de la vertu, vu comme un choix rationnel qui se tient à distance des extrêmes[166].

---

160. Jérôme, *Adversus Jovinianum* ; *Adversus Vigilantium* ; Rutilius Namatianus, *De reditu suo*, I, v. 439-452 et 517-526.

161. Jean Chrysostome, *Adversus oppugnatores vitae monasticae,* dans *Patrologia graeca*, 47, 319-386. Brève analyse de ce texte dans A.-J. Festugière, *Antioche païenne et chrétienne*, Paris, 1959, p. 192-195.

162. D. G. Hunter, « On the Sin of Adam and Eve : A Little-Known Defense of Marriage and Childbearing by Ambrosiaster », *Harvard Theological Review* 82, 1989, 283-299.

163. *Questions d'un païen à un chrétien* (*Consultationes Zacchei et Apollonii*), III, 1, 15 ; éd. et trad. J.-L. Feiertag, *SC* 401-402, Paris, 1994 ; J.-L. Feiertag, *Les Consultationes Zacchei et Apollonii*, Fribourg, 1990, p. 97-109.

164. Beverly Berg, *Tales of Alexander and the East. Wonders and Wise Men*, Standford, 1973, p. 133.

165. Plutarque, dans sa *Vie d'Alexandre*, fait du conquérant un philosophe ; à ses yeux, le dessein qu'il poursuit dans ses expéditions est d'unir tous les hommes dans la concorde, la paix et le commerce mutuel.

166. Cracco Ruggini, 1965, p. 47.

Ce discours s'accompagne par ailleurs, comme on l'a vu, d'une défense de la « *vraie religion* » que les païens tiennent en mépris, du rejet de leur « *superstition* impie et criminelle » (2, 21) – un vocabulaire typiquement chrétien. En plusieurs passages, la polémique contre le paganisme l'emporte sur la défense de l'ascèse des brahmanes. Cette polémique n'est pas particulièrement originale : on en retrouve les arguments dans de nombreux textes apologétiques de l'époque. La critique des conceptions religieuses des païens, de leurs mœurs, des contradictions de leurs philosophes est présente chez Tatien, Tertullien, Minucius Felix, Arnobe et d'autres. Liénard, qui a trouvé vingt points de ressemblance entre ce texte et l'*Apologétique* de Tertullien, pensait que « le fond même de l'œuvre dérive directement de Tertullien »[167], mais Kurfess a montré, en analysant chacun de ces vingt points, que les ressemblances avancées étaient souvent très lointaines et n'impliquaient aucune dépendance[168]. L'auteur se sert plutôt d'un fonds commun de critiques présentes dans la littérature apologétique des premiers siècles, de lieux communs que l'on s'étonne du reste de voir répéter au début du ve siècle, alors que le christianisme est en passe de devenir majoritaire et que le culte païen a été interdit[169].

La polémique contre le paganisme s'accompagne, en contraste, d'un éloge des doctrines et des pratiques chrétiennes, au demeurant sobrement évoquées : aux dieux multiples du paganisme, qui ne sont nullement des êtres secourables, mais « des bourreaux très détestables » (2, 20), est opposé le Dieu unique qui est parole (verbe), esprit et intelligence, celui qui « a créé le monde, qui gouverne et

---

167. Liénard, 1936, p. 822.
168. Kurfess, 1940, p. 141-146.
169. *Code Théodosien*, XVI, 10, 12 (8 novembre 392).

nourrit toutes choses », avec lequel l'homme a une parenté (2, 17), dont il veut devenir l'ami en s'attachant à ce qui est le meilleur (4, 2) ; aux sacrifices sanglants est opposé le sacrifice non sanglant, aux multiples offrandes qui sont faites aux dieux pour en obtenir quelque chose est opposée la prière « par la parole », l'action de grâces, l'amour (2, 16, 17). Même si toutes ces affirmations ne sont pas exclusivement chrétiennes, il semble excessif d'affirmer que les traces de christianisme dans la *Collatio* sont tout à fait insuffisantes et que les idées qui y sont développées relèvent seulement du cynisme, de la Stoa et du pythagorisme[170].

Le texte fait preuve, par ailleurs, d'un réel souci littéraire[171]. Une étude en a relevé les nombreuses clausules métriques[172]. Le style est marqué par le goût de la rhétorique, la recherche de rythmes binaires et ternaires, les antithèses, les anaphores. La *Collatio* apparaît ainsi comme un produit typique de l'école de rhétorique tardo-antique. Un élément caractéristique, que l'on ne retrouve pas dans les autres ouvrages du cycle alexandrin du IVe siècle, a été relevé par Jacques André[173] : l'usage d'un vocabulaire poétique. Des mots ou des groupes de mots empruntés à Virgile (dix-huit fois), Ovide (quatre fois), Lucrèce (six fois), ont été, de manière plus ou moins consciente, repris par l'auteur, sans doute un rhéteur, voire l'élève d'un rhéteur qui utilise les souvenirs de lectures faites à

170. Cizek, 1986, p. 124-125. Il considère qu'un rédacteur chrétien a ajouté 2, 16-21, qui est une attaque des sacrifices d'animaux et de plusieurs aspects du paganisme, et il voit ce passage comme du remplissage.

171. Kurfess, 1940, p. 140-142, en comparant des extraits de la *Collatio* I et de la *Collatio* II, souligne l'élégance rhétorique de la première.

172. Makowsky, 1909, à compléter par Liénard, 1936, p. 835-836.

173. André, 1982, p. 44-48.

l'école. André, qui ne trouvait des rapprochements avec des œuvres poétiques classiques que dans les deux premières lettres du corpus, supposait soit que l'auteur avait changé de manière, soit qu'il fallait distinguer deux auteurs, deux hypothèses qu'il n'y a pas lieu de retenir[174]. Plusieurs de ces rapprochements avaient été faits avant lui par Liénard, qui en avait relevé douze avec Virgile (surtout l'*Énéide*), huit avec Ovide, dix avec Sénèque (tragédies et lettres) ; Kurfess avait cependant remarqué que l'auteur de la *Collatio* pouvait les trouver facilement dans un manuel scolaire et refusait de reconnaître des liens étroits entre son texte et Virgile ou Sénèque[175]. Steinmann signale davantage encore de rapprochements de vocabulaire dans son apparat critique et son commentaire, avec les mêmes auteurs et d'autres, classiques ou contemporains de l'auteur, qui permettent de confirmer la datation du texte. Ils plaident, comme le remarquait Morelli, en faveur de l'origine latine de la *Collatio*, « pleine de citations de classiques latins habilement dissimulées ou plutôt travesties »[176]. Même si certains ne sont qu'assez lointains et purement extérieurs, ne comportant parfois que deux ou trois mots, ils n'en sont pas moins les témoins de la culture latine de l'auteur, que celui-ci manifeste en introduisant de telles réminiscences dans son texte. Ces embellissements poétiques ont bien été ressentis comme tels par l'auteur de la *Collatio* II, qui les a pratiquement tous supprimés, à moins qu'il ne se réfère à une version plus ancienne.

Cherchant à identifier l'auteur de la *Collatio*, Liénard a fait l'hypothèse selon laquelle ce serait le même que

174. *Ibid.*, p. 48 ; Steinmann, 2007, p. 127-128, qui explique ces différences par celles du contenu.

175. Kurfess, 1940, p. 146-150.

176. Morelli, 1920, p. 57.

celui de la correspondance (tout aussi fictive) entre Paul et Sénèque, qui relève du même genre littéraire ; il appuyait cette hypothèse sur le fait que les deux textes ont été réunis entre 800 et 804 par Alcuin, le premier à avoir cité et republié ce texte, dans une dédicace à Charlemagne (il y transformait du reste Alcuin en Albinus, préfet du prétoire de 389/390). D'autre part, lui ayant trouvé aussi une parenté avec la correspondance de Symmaque, il voyait l'auteur comme un proche du cercle de celui-ci. Il datait donc les deux ouvrages de la fin du IVe siècle, après 383 et avant 392. L'hypothèse sur l'identité d'auteur des deux correspondances a été récusée à juste titre[177] ; il reste que la date proposée n'est pas très éloignée de celle que retient le dernier éditeur de la *Collatio*. Avant Liénard, Makowski avait proposé d'attribuer le texte à un rhéteur de l'école de Gaza des VIe-VIIe siècle[178] : sa langue originale, le latin, et la date de composition aujourd'hui retenue ne permettent pas de retenir cette hypothèse.

La *Collatio* sera très lue au Moyen Âge, beaucoup plus que les récits des historiens d'Alexandre : avec le traité *Sur les mœurs des brahmanes* (qui, malgré ses trois versions latines laissera des traces plus rares[179]), elle fournira pendant longtemps aux pays européens la plus grande partie

177. Liénard, 1936, p. 838 et Liénard, « Alcuin et les *Epistolae Pauli ad Senecam* », *Revue Belge de Philologie et d'Histoire* 20, 1941, p. 589-598 ; la dédicace est citée p. 593. L'hypothèse d'un même auteur n'est pas retenue par Claude W. Barlow, *Epistolae Senecae ad Paulum et Pauli ad Senecam*, Rome, 1938, p. 90-104, qui considère que les deux écrits sont totalement indépendants ; de même Kurfess, 1940, p. 151 ; L. Bocciolini Palagi, *Epistolario apocrifo di Seneca e San Paolo*, Florence, 1985, p. 24-25, n. 38 ; Cizek, 1986, p. 126.

178. Makowsky, 1909, p. 174-175.

179. Seule la première partie, le *Commonitorium Palladii*, sera reprise dans l'*Historia de preliis*. Sur son succès jusqu'à la Renaissance, voir Cracco Ruggini, 1965, p. 64-69.

de leurs connaissances sur ces derniers. Alcuin, Abélard, Hugues de Saint-Victor, Godefroy de Viterbe, Vincent de Beauvais, Albert le Grand, parmi d'autres[180], citeront ce texte. La *Collatio*, connue surtout sous les formes qu'elle prit dans l'*Historia de preliis*, sera toutefois lue avec une visée différente de celle qu'avait voulue son auteur et utilisée par les théologiens et les moralistes. On ne voulut en retenir qu'un témoignage sur l'admirable ascétisme des brahmanes : aussi les réponses d'Alexandre qui pouvaient paraître trop critiques envers celui-ci ou trop marquées par le paganisme furent parfois supprimées, des changements y furent introduits, une sixième lettre fut ajoutée, pour que le dernier mot ne lui revienne pas[181]. Les représentations médiévales d'Alexandre sont multiples, enthousiastes chez des littérateurs, plus réservées chez les moralistes et les théologiens, diverses chez les auteurs d'*exempla* : celle que devait en donner la *Collatio*, le texte qui eut le plus d'influence parmi ceux qui évoquent sa rencontre avec les brahmanes, lui est plutôt défavorable, car on en retint surtout les réserves qu'il émettait envers l'idéal que défendait Dindime, alors que celui-ci était tenu en grande admiration, et pour son ascèse, et pour son discours sur Dieu : dans une discussion sur les prophètes du Messie, Abélard le compte, avec David, Salomon et Nabuchodonosor, parmi les quatre rois qui ont témoigné à l'avance de la divinité du Verbe[182].

---

180. Voir les citations de ces auteurs dans Steinmann, 2012, p. 83-96.

181. Liénard, 1936, p. 830 ; Cary, 1954, p. 127-128 ; 1956, p. 92-95 ; Cizek, 2014, p. 31 : « Godefroy de Viterbe, dans son *Pantheon*, modifie jusqu'à la déformation le contenu des lettres [...] et [ajoute] à la fin une lettre de Dindimus » ; Vincent de Beauvais abrège celles d'Alexandre.

182. Abélard, *Introductio in Theologiam*, I, 22-23 (*Patrologia latina*, 178, 1033AB), qui cite presque entièrement la *Collatio* I, 2, 16.

PALLADIOS

LES MŒURS DES BRAHMANES

I. La lettre de Palladios

[108D, 3B] 1. Ton grand amour du labeur, ton grand désir d'apprendre, ton goût pour les belles actions et ta grande piété, qui sont l'ornement des hommes les meilleurs, nous ont incité à traiter d'un autre sujet où la philosophie[1]* tient une très grande place. Donc, stimulé par l'attention dont tu fais preuve envers nos propos, nous te ferons aussi un exposé sur la vie des brahmanes[2]. Je n'ai pas connu leur patrie ni rencontré ces hommes : ils sont en effet très éloignés de nous, car ils résident en Inde et en Serica[3], auprès du fleuve du Gange[4]. Je me suis seulement rendu aux extrémités de l'Inde[5], voici quelques années, avec le bienheureux Moïse, évêque d'Adoulis[6]. Saisi par une violente canicule – telle que l'eau très fraîche jaillie de la source, recueillie dans des vases, bouillait aussitôt –, en voyant cela j'ai fait demi-tour, ne supportant pas la chaleur[7]. Ce fleuve du Gange est celui qui chez nous est appelé Phison, qui est cité dans les Écritures – c'est l'un des quatre fleuves dont il est dit qu'ils sortent du paradis[8].

---

* Les notes sont en fin de volume. Les pages de l'édition de Desantis (D) et de Berghoff (B) sont données entre crochets.

2. On rapporte un récit d'Alexandre, le roi des Macédoniens, qui a exposé quelque peu leur manière de vivre[9], mais pour celui-ci aussi ce fut peut-être par ouï-dire, car lui-même, je pense, n'a pas franchi le Gange[10]. Parvenu cependant jusqu'en Serica – là où les vers à soie produisent la soie – il y dressa une stèle de pierre et y inscrivit : « Alexandre, roi des Macédoniens, est arrivé jusqu'à cet endroit »[11].

3. Quant à moi, j'ai pu apprendre un peu de ce qui concerne les brahmanes d'un avocat de Thèbes qui avait fait le voyage de sa propre initiative, **[109 D]** mais était tombé en captivité contre son gré. Celui-ci, **[4B]** à ce qu'il disait, était devenu inapte à la jurisprudence et, saisi par l'ennui, il eut l'envie de visiter la région des Indes[12].

4. S'étant embarqué avec un prêtre, il gagna d'abord cette ville d'Adoulis[13], puis après celle-ci la ville d'Axoum, où était installé un petit roi des Indes[14]. Après y être resté longtemps et s'être bien familiarisé avec l'endroit, il voulut aller aussi dans l'île de Taprobane[15], où résident ceux qu'on appelle les *Macrobioi* (les longues vies), car les vieillards vivent dans cette île jusqu'à cent cinquante ans[16], grâce à l'excellente qualité de l'air[17] et au jugement insondable de Dieu. Dans cette île réside aussi le grand roi auquel tous les petits rois de cette région sont soumis comme des satrapes : c'est ce que nous a raconté l'avocat, qui l'avait appris d'autres lui aussi, car lui-même ne put pas pénétrer dans l'île.

5. Autour de cette île en effet (si ce qui est rapporté n'est pas mensonger) se trouvent près de mille autres îles que baigne la mer d'Érythrée[18]. Comme dans ces îles, appelées *Manioloi*, il y a la pierre magnétique qui attire le fer, lorsqu'un bateau qui renferme des clous de fer y arrive, il est retenu par la force de la pierre et ne peut repartir. Les navires qui passent par cette grande île, de ce fait, n'ont pas de fer, assemblés qu'ils sont avec des chevilles de bois[19].

6. Cette île possède, dit-il, cinq très grands fleuves, sur lesquels circulent des navires[20]. D'après ce que ceux de l'endroit lui racontèrent, les fruits ne manquent jamais dans cette île, car à la même époque, dit-il, **[110 D]** l'un fait pousser le plant, l'autre récolte le raisin vert, l'autre vendange[21]. Elle a aussi des palmiers-dattiers, ainsi que la très grande noix, l'indienne, et la petite, l'épicée[22]. Les habitants de cet endroit vivent de lait, de riz et de fruits ; la laine n'existant pas chez eux, **[6B]** ni le lin[23], ils portent seulement autour des reins des peaux de brebis bien tannées. Il y a là des brebis couvertes de poils sans laine[24], qui donnent beaucoup de lait et ont de larges queues[25]. Ils utilisent pour se nourrir la viande des chèvres et des moutons, car depuis la Thébaïde, à cause de l'excès de chaleur, on ne trouve pas de porcs dans les régions de l'Inde ou de l'Éthiopie[26].

7. Cet avocat racontait donc qu'« à partir d'Axoum, j'ai rencontré quelques Indiens qui circulaient dans de petits bateaux pour le commerce, et j'ai tenté de pousser plus à l'intérieur (de l'Océan)[27]. Je suis arrivé chez ceux qu'on appelle les Bisades[28], qui recueillent le poivre. Cette nation est très peu nombreuse et très chétive, ils habitent dans des grottes de pierre ; ils savent gravir les pentes escarpées à travers un terrain accidenté et recueillent ainsi le poivre sur des souches, car ce sont des arbustes de petite taille, comme le disait cet avocat[29]. Les Bisades sont de petits hommes courtauds, à grosse tête, non rasés et aux cheveux plats, alors que les autres Éthiopiens et les Indiens sont noirs, robustes et ont les cheveux frisés »[30].

8. « Là, dit-il, arrêté par celui qui administrait les affaires publiques, je fus interrogé parce que j'avais osé pénétrer dans leur région. Ceux-ci n'acceptaient pas mes excuses parce qu'ils ne connaissaient pas la langue de notre région, et moi je ne comprenais pas les remontrances qu'ils m'adressaient, car moi non plus je ne connaissais pas leur **[111D]** langue, et c'est seulement par les mouvements des yeux que nous échangions mutuellement des signes d'intelligence ; je devinais leurs paroles de reproche à la couleur injectée de sang de leurs yeux et leur sauvage grincement de dents, et le sens de ce qu'ils disaient à partir de leurs mouvements. Ceux-ci, de leur côté, saisissaient clairement l'état pitoyable de mon âme, provoquée par la peur de mon corps, à partir de mon tremblement, mon agitation et la pâleur de mon visage ».

9. [8B] « Arrêté donc par eux, je fus retenu en esclavage pendant six ans, livré à une boulangerie pour y travailler. La dépense de leur roi, dit-il, était celle d'un boisseau de blé pour tout son palais[31], et je ne sais d'où il venait ». « Ainsi, dit-il, en six ans j'ai pu comprendre la plupart des mots de leur langue ; grâce à cela, j'ai appris à connaître les nations environnantes[32] ».

10. « Je fus libéré de là, dit-il, de la manière suivante. Un autre roi, ayant fait la guerre à celui qui me détenait, l'accusa auprès du grand roi, celui qui siège dans l'île de Taprobane[33], d'avoir fait prisonnier un homme important, un Romain, et de le maintenir dans un service tout à fait vil. Celui-ci envoya un juge et, quand il eut appris l'exacte vérité, il ordonna qu'il fût écorché pour avoir fait insulte à un Romain[34]. Ils craignent beaucoup en effet et redoutent l'État romain[35], parce qu'il peut piller leur région en raison de la supériorité de ses hommes et de son industrie ».

11. Cet avocat disait donc que les brahmanes sont une nation[36] qui vit séparée, non par choix, comme les moines, mais ce sort leur est échu d'en haut, de par décision de Dieu, celui d'habiter auprès du fleuve[37], en vivant nus, selon la nature. Chez eux, il n'y a aucun quadrupède, ni champ cultivé, ni fer, ni habitation[38], ni feu, ni pain, ni vin, ni vêtement[39], ni rien de ce qui sert pour le travail ou contribue au plaisir, mais ils ont un climat doux, bien tempéré et vraiment excellent. Ils vénèrent Dieu, bien qu'ils n'en aient qu'une connaissance **[112D]** imparfaite et qu'ils ne puissent dès lors scruter les desseins de la Providence[40] ; ils prient cependant continuellement[41]. Lorsqu'ils prient, ils ont les yeux fixés vers le ciel en direction de l'Orient[42], sans tenir compte des variations du lever du soleil.

12. Ils mangent les fruits secs des arbres[43] qu'ils trouvent[44] et les légumes sauvages que la terre produit spontanément, ils boivent de l'eau[45], ils vivent nomades dans les forêts et prennent leur repos sur des feuillages. Il y a chez eux beaucoup de **[10B]** bois de *perséa* et celui qu'on appelle aromatique[46], ainsi que d'autres arbres fruitiers locaux dont ils se nourrissent.

13. Les hommes habitent au-delà du fleuve du Gange, du côté de l'Océan, car ce fleuve se jette dans l'Océan, mais leurs femmes sont de l'autre côté du Gange, dans la partie de l'Inde[47]. Les hommes se rendent chez les femmes[48] en juillet et en août, car ce sont chez eux les mois les plus frais, alors que le soleil chez nous est élevé au-dessus du nord[49]. Ils disent que ce sont les mois les plus agréables et qu'ils excitent le désir ; lorsqu'ils ont passé quarante jours avec les femmes, ils se retirent. Lorsque la femme a engendré deux enfants, le mari ne s'approche plus de sa femme pour s'unir à elle. Ayant donc substitué à eux-mêmes un compte égal[50], ils vivent chastes le reste du temps. S'il arrive que parmi elles une femme soit trouvée stérile, l'homme qui lui est lié fait la traversée (du fleuve) vers elle pendant cinq ans, et si elle n'engendre pas, il ne s'en approche plus. C'est pourquoi leur nation n'a pas atteint une population très nombreuse, du fait de la difficulté de vivre dans cette région et de la modération naturelle des naissances.

14. Tel est le genre de vie des brahmanes. Ils disent que le fleuve est infranchissable à cause du « roi des serpents »[51], un animal excessivement grand qui se trouve dans le fleuve et qui est amphibie, qui peut engloutir d'un coup un éléphant tout entier[52]. Pendant la période du passage des brahmanes vers leurs femmes, on ne le voit pas dans ces lieux, mais il y a aussi de très grands dragons **[113 D]** autour de ces fleuves, mesurant jusqu'à 70 coudées : j'ai vu une peau travaillée ayant deux pieds de largeur[53]. Les fourmis de cet endroit sont longues d'une palme[54], les scorpions d'une coudée[55] ; aussi il est difficile de parcourir ces lieux. Ce n'est pas toute cette région qui possède de tels animaux et des bêtes venimeuses, mais **[12B]** seulement celle qui est inhabitée. Les troupeaux d'éléphants y sont nombreux.

15. J'envoie à la valeur de ton excellence[56], attaché à mon mémoire, un petit ouvrage que je me suis procuré d'Arrien[57], le disciple du philosophe Épictète, né esclave, mais qui, par d'heureuses dispositions naturelles, s'est voué à la philosophie à l'époque de l'empereur Néron, celui qui persécuta les saints apôtres Pierre et Paul ; il a raconté ce qui concerne Alexandre le Macédonien. En le lisant avec attention et en y réfléchissant avec mesure, tu vivras dans la sérénité.

II. Le traité du Pseudo-Arrien

[14B] 1. Dandamis[58], le maître des brahmanes, en décrivant ce qui concerne le Macédonien, disait : « Le roi Alexandre, qui ne supportait pas d'être roi de la seule Macédoine et à qui ne suffisait pas son père Philippe, disait qu'il était fils d'Ammon[59] ; bien que sa naissance le contredît, il donnait de fausses preuves de sa nature (divine) et mettait en avant ses combats victorieux. Il se leva comme le soleil à partir de la Macédoine, parcourut à cheval une grande partie du monde avant d'entrer à Babylone ; ayant considéré l'Europe et l'Asie comme de petites régions, il vint observer et explorer notre monde »[60].

[114 D] 2. Alexandre se disait cela en lui-même : « Sagesse, mère de la Providence, compagne de la puissance de toutes choses[61], qui demeures là-haut dans l'unique vérité, nourricière et démiurge de la nature[62], donatrice des paroles (inspirées), gardienne de la connaissance commune, qui te tiens à l'écart des injustes et as compassion des justes, donne-moi d'obtenir gracieusement ce que je demande. Je viens voir les brahmanes sages et bons ici présents, averti par un certain Calanos, l'un des habitants de ces lieux[63], qui s'est hâté de me rencontrer. Convaincu par lui, je suis venu et je désire ardemment voir et apprendre avec sagesse.

3. Les brahmanes et les Indiens eux-mêmes[64] disent ceci à Alexandre : « Tu es venu vers nous parce que tu aspires à la sagesse, ce que nous, brahmanes, accueillons en premier[65], car c'est ce qu'il y a de plus royal dans notre vie. Tu as voulu apprendre cela, roi Alexandre, car le philosophe n'est pas dominé, mais il domine, et aucun homme n'a de pouvoir sur lui. Comme jusqu'à présent tu ne croyais pas en nous, parce que nous étions calomniés[66], tu es venu pour goûter les paroles véritables.

4. Calanos, pour nous, était un homme mauvais, et c'est par Calanos que vous, **[16B]** Grecs, connûtes les brahmanes. Celui-ci n'était pas des nôtres, car sans aucune excuse[67] il a déserté pour la richesse. Il ne lui a pas suffi de boire l'eau de sagesse du fleuve Tibéroboam[68] et de se nourrir de laitages[69], grâce auxquels se développe un esprit digne de Dieu, mais il a acquis de la richesse, ennemie de l'âme ; il a ainsi allumé en lui un feu terrible et s'est détourné de la sagesse pour aller vers le plaisir[70]. Aucun de nous ne se roule sur des charbons ardents[71] et la douleur ne consume pas nos corps[72], mais notre nourriture, notre mode de vie[73], est une médecine salutaire.

[115D] 5. Nous sommes sans richesses, selon la nature, et la mort suit notre vie de la même manière que pour tous. Si quelques hommes mortels, qui ont appris de faux discours, nous blessent avec des traits inutiles, ils ne font aucun tort à notre liberté. C'est la même chose de mentir et de se laisser convaincre rapidement, car le menteur fait du tort à celui qu'il persuade, mais celui qui est persuadé a tort de faire confiance au menteur avant d'apprendre la vérité[74]. La calomnie est mère de la guerre et engendre la colère : à cause de celle-ci on combat et on fait la guerre.

6. Il n'y a pourtant aucun courage à tuer des hommes, c'est œuvre de brigand. Le courage consiste à lutter avec un corps nu contre les variations du climat, à supprimer le désir de l'estomac et à vaincre plutôt les ennemis intérieurs, à ne pas être piégé par le désir de s'élancer vers la gloire, la richesse et le plaisir. Sois vainqueur d'abord de ces ennemis-là, Alexandre, tue ceux-là. Si tu es vainqueur de ceux-là, tu n'auras plus besoin de combattre ceux de l'extérieur, car le combat contre ceux de l'extérieur est fait pour payer des tributs à ceux-là. Ne vois-tu pas que tu es vainqueur de ceux de l'extérieur et que tu es vaincu par ceux de l'intérieur ? Combien de rois de la sottise te semblent avoir un pouvoir tyrannique sur ceux qui sont dépourvus d'intelligence[75] ? La vue, l'audition, l'odorat, le goût, le toucher, la langue, l'estomac, le sexe, le corps tout entier[76]. Ils sont nombreux à l'intérieur qui donnent sans cesse des ordres comme des maîtresses sévères et des tyrans insatiables : désirs, amour des richesses, amour des plaisirs, homicides, avarice, discordes. **[18B]** De toutes ces choses et de bien d'autres les mortels sont esclaves, et à cause d'elles ils tuent et sont tués.

7. Les brahmanes, qui ont remporté la victoire dans les combats intérieurs, se sont fortifiés et se reposent, en contemplant les forêts et le ciel. Nous écoutons le chant agréable des oiseaux et le cri des aigles, nous nous couvrons de feuilles et vivons en plein air, nous mangeons des fruits et buvons de l'eau, nous chantons des hymnes à

Dieu et avons le désir de ce qui viendra[77], nous n'écoutons rien de superflu, en faisant taire les nombreux discours[78] ; c'est ainsi que nous vivons, nous brahmanes.

8. Vous, vous dites ce qu'il faut faire et faites ce qu'il ne faut pas dire[79]. Chez vous, aucun des philosophes ne sait rien s'il ne parle pas, car votre esprit, c'est la langue, et vos pensées sont sur vos lèvres. Vous amassez de l'or et de l'argent, vous avez besoin d'esclaves et de grandes maisons, vous recherchez les pouvoirs, vous mangez et buvez autant que les animaux, vous ne comprenez rien, comme des rustres, vous vous enveloppez d'habits moelleux, en vous rendant semblables à des vers à soie, vous faites tout sans crainte et vous repentez de ce que vous faites, vous parlez contre vous-mêmes comme contre des ennemis ; ayant le pouvoir de la langue, vous faites la guerre grâce à elle. Les meilleurs chez vous sont ceux qui se taisent, car ils ne s'accusent pas eux-mêmes.

9. Comme des captifs vous empruntez les toisons des brebis[80], vous mettez autour de vos doigts un signe de gloire comme des idoles, vous portez de l'or comme les femmes et tirez gloire de ces choses-là. Alors que vous avez été créés à la ressemblance[81] du créateur, vous vous faites un cœur de bêtes sauvages. Lorsque vous vous entourez de nombreux biens, vous en tirez gloire, sans voir qu'en réalité aucun ne peut être utile, car l'or n'élève pas l'âme ni n'engraisse le corps, mais tout au contraire il obscurcit l'âme et consume le corps.

10. Nous qui avons appris à connaître la nature selon la vérité et ce qui a été décidé par elle, nous prenons cela en considération : lorsque la faim est présente, nous l'apaisons **[20B]** grâce aux fruits secs et aux légumes qui nous sont fournis par la Providence **[117D]** ; lorsque la soif est présente, nous buvons de l'eau en allant au fleuve et étanchons celle-ci, tout en foulant l'or à nos pieds[82]. L'or ne fait pas cesser la soif ni n'apaise la faim, il ne soigne pas une blessure, ne guérit pas une maladie, ne comble pas un désir insatiable, mais plutôt réveille ce vain désir de la nature. Il est clair qu'un homme qui a soif désire boire de l'eau, et qu'en la prenant il fait cesser la soif ; que celui qui a faim recherche naturellement de la nourriture, et qu'en la mangeant il se rassasie et son désir est apaisé. Il est donc tout à fait évident que le désir de l'or est étranger à la nature. Tout désir des mortels cesse lorsqu'il obtient la satiété, car cela est conforme à la nature, mais l'amour des richesses est insatiable, parce qu'il est contraire à la nature. Ensuite, vous vous en vantez et vous en glorifiez, en vous exaltant à l'excès au-dessus des autres hommes. À cause de celui-ci, vous faites des biens particuliers de ce qui est commun à tous, l'amour de l'argent divisant en plusieurs portions l'unique nature, qui est la même pour tous.

11. Calanos, notre faux ami, eut ce projet, mais nous le foulons aux pieds ; ce responsable de beaucoup de maux est chez vous estimé de tous et honoré par vous, mais chez nous il est rejeté avec mépris comme un être nuisible[83]. Tout ce que nous ne recherchons pas, Calanos, qui aimait l'argent, l'admira – c'est votre inutile ami, mais pas le nôtre. Sot et le plus lamentable des malheureux, il a perdu son âme en aimant l'argent. C'est pourquoi il ne nous est pas paru digne de nous, ni digne de l'amitié avec Dieu, [ni de la liberté, ni de l'absence d'inquiétude qui existent parmi nous][84] ; il n'a pas trouvé le repos dans l'absence d'inquiétude qu'on trouve dans les forêts lorsqu'on s'y plaît et il **[118D]** n'a pas eu l'espérance de ce qu'on attend[85] après cela, car il a tué sa misérable âme par amour de l'argent.

12. Mais il y a chez nous un certain Dandamis, qui repose dans la forêt **[22B]** sur des feuilles printanières, ayant auprès de lui une source à laquelle il boit comme au sein pur d'une mère »[86].

La rencontre avec Dandamis

13. Le roi Alexandre, après avoir entendu cela, convoqua leur docteur et prytane, pour avoir part aux paroles de celui-ci[87]. Ils lui indiquèrent de loin l'endroit où se trouvait Dandamis, mais lorsqu'il y alla, Alexandre ne le vit pas, car il était couché dans la forêt, reposant en paix sur des feuilles, ayant une source pour boire comme au sein pur de la mère terre. Comme Alexandre ne vit pas Dandamis, le chef et le docteur des brahmanes, il envoie vers lui un de ses amis, appelé Onésicrate[88], en lui disant :

14. « Hâte-toi vers le docteur des brahmanes, Onésicrate, et ou bien amène-nous cet homme, ou bien, quand tu auras appris où il habite, informe-m'en vite, pour que je me rende en personne auprès de lui ».

Onésicrate lui dit : « Ce que tu m'ordonnes, je le ferai rapidement ; c'est à toi d'ordonner, à moi d'exécuter ».

Celui-ci, s'en étant allé et ayant trouvé le grand Dandamis, lui dit : « Salut, docteur des brahmanes ; le fils du dieu Zeus le grand, le roi Alexandre, qui est le maître de tout homme, t'appelle. Si tu viens auprès de lui, il te donnera de nombreux et beaux présents ; si tu ne viens pas, il te coupera la tête ».

[119D] Dandamis, en entendant cela, sourit gracieusement mais ne souleva même pas sa tête des feuilles ; se moquant de celui-ci tout en restant couché, il répondit en ces termes[89] :

Premier discours de Dandamis

15. « Dieu, le grand roi, n'engendre aucune arrogance, mais lumière[90], paix, vie et eau, corps de l'homme et âmes, et il reçoit celles-ci lorsque le destin délie celles qui ne sont plus soumises à la concupiscence. Il est mon seul maître et Dieu, qui rejette le meurtre et ne fait pas de guerres. Mais Alexandre n'est pas Dieu, car il sait qu'il mourra. Comment serait-il le maître de tout, lui qui n'a pas encore franchi le fleuve Tibéroboam[91] **[24B]**, ni le Kossolaon[92], qui n'a pas encore placé son trône à Palimbothra[93], ni atteint Zônenadé,[94] ni vu l'espace de la Mésopotamie[95] ni celui de Méthora et de Karisoboria[96], et la Scythie[97] ne connaît pas encore son nom ? Si la terre de là-bas ne suffit pas à le contenir[98], qu'il traverse le fleuve du Gange et il trouvera une terre qui peut porter des hommes, si celle de chez eux ne consent plus à le porter.

16. Tout ce qu'Alexandre m'annonce, tous les dons qu'il promet de me donner sont pour moi inutiles[99]. Ce que j'aime, qui m'est agréable et utile, ce sont ces frondaisons pour maison, ces herbes des champs pour nourriture, l'eau pour boisson. Les autres richesses et biens qu'on acquiert en s'en inquiétant (et ceux qui les acquièrent se perdent avec eux) ne procurent rien d'autre que du chagrin, dont tout mortel est rempli. Quant à moi, maintenant, je dors sur une couche de feuilles **[120D]**, les yeux fermés, sans rien rechercher. Si je voulais chercher de l'or, je gâcherais mon sommeil. La terre m'apporte tout, comme la mère à celui qu'elle a engendré. Je vais là où je veux, je ne suis pas obligé de me préoccuper de ce que je ne veux pas.

17. Si Alexandre me coupe la tête, il ne détruit pas mon âme, mais seulement une tête muette. Mon âme s'en ira auprès de son maître, en abandonnant le corps, comme un haillon, à la terre d'où il a été tiré[100]. Devenu esprit, je monterai vers mon Dieu, qui nous a enfermés dans la chair en nous envoyant sur terre[101], afin d'éprouver comment, une fois descendus, nous vivrions pour lui comme il l'a ordonné. Il demandera des comptes à ceux qui se présentent devant lui, car il est juge de tous les méfaits. Les gémissements de ceux qui ont subi l'injustice deviennent le châtiment de ceux qui ont fait subir l'injustice.

18. Qu'Alexandre fasse ces menaces à ceux qui veulent de l'or et qui craignent la mort ; chez nous, ses deux armes sont sans effet : les brahmanes n'aiment pas l'or et ne craignent pas la mort[102]. **[26B]** Va donc et dis à Alexandre : Dandamis n'a pas besoin de tes dons, aussi il ne viendra pas vers toi ; mais si tu as besoin de Dandamis, va vers lui[103].

L'entretien avec Alexandre

19. Lorsqu'Alexandre eut entendu cela d'Onésicrate, il eut davantage envie de le voir, car lui qui avait défait plusieurs nations, un seul vieillard nu l'avait vaincu. Il se met donc en route avec quinze amis vers la forêt de Dandamis ; arrivé près de lui, il descendit de son cheval et déposa son diadème, ainsi que tout le faste qui l'entourait. Entré seul dans la forêt où se trouvait Dandamis, il le salua et dit :

[121D] « Salut, Dandamis, docteur des brahmanes et maître de sagesse, je suis venu auprès de toi pour avoir entendu ton nom, puisque tu n'es pas venu auprès de nous ».

Dandamis répondit : « Salut à toi aussi, qui troubles de nombreuses villes et bouleverses des nations »[104].

20. Alexandre, assis à ses pieds, vit à cette heure la terre pure de sang, et Dandamis lui dit : « Pourquoi es-tu venu vers nous, Alexandre ? Que veux-tu emporter de notre solitude ? Ce que tu cherches, nous ne l'avons pas, de ce que nous possédons tu n'as pas besoin. Nous craignons Dieu, nous aimons les hommes, nous ne nous soucions pas de l'or, nous méprisons la mort, nous ne cherchons pas les plaisirs. Vous en revanche craignez la mort, aimez l'or, recherchez les plaisirs, haïssez les hommes, méprisez Dieu ».

Alexandre lui dit : « Je viens apprendre de toi un peu de sagesse, car on dit que tu t'entretiens avec Dieu. Je veux savoir en quoi tu diffères des Grecs, ou ce que tu vois et penses de manière plus remarquable que les autres ».

21. Dandamis lui répondit : « Je veux moi aussi te procurer des paroles de sagesse[105] de Dieu et mettre en toi une pensée digne de Dieu, mais tu n'as pas de place dans ton âme pour qu'y entre, venant de moi, le don de Dieu. **[28B]** Des désirs insatiables, un amour de l'argent inextinguible, un goût du pouvoir diabolique ont rempli ton âme : ils luttent contre moi maintenant parce que je t'en détourne ici et que tu ne massacres pas des nations, en répandant le sang de plusieurs peuples[106]. Ceux qui sont avec toi s'affligent contre moi parce qu'ils voient qu'une ville reste intacte et que des hommes sont sauvés. Tu as dit que tu allais vers l'Océan, et après lui vers une autre terre habitée, et après celle-ci encore vers une autre[107], et tu t'affligeras grandement si tu n'as personne à vaincre. Comment donc puis-je te dire des paroles de sagesse de Dieu, alors que ta pensée est remplie d'une telle jactance et de désirs démesurés, que pas même le monde tout entier mis à ton service n'a pu satisfaire ?

22. Tu as été créé petit et nu et tu es venu dans le **[122D]** monde comme un homme seul, et maintenant que tu as grandi, pourquoi les tuer tous ? Pour prendre les biens de tous ? Et lorsque tu les auras tous vaincus et auras acquis tout le monde habité, tu occuperas autant de terre que nous en occupons, moi étendu et toi debout ; et c'est en en occupant autant que tu partiras d'ici[108], de sorte que les misérables que nous sommes avons tout à égalité avec toi, sans combat ni guerre – terre, eau, air[109]. Et tout ce que j'ai, je l'ai à bon droit et je ne désire rien. Toi, même si en faisant la guerre, en répandant le sang et en massacrant des hommes, tu conquiers tous les fleuves, tu bois de l'eau comme moi. Et moi je ne me bats pas ni ne cause des blessures ni ne détruis des villes, et j'ai comme toi autant de terre et d'eau.

23. Donc, cette sagesse, Alexandre, apprends-la de moi : ne désire rien posséder, comme un pauvre, et tout sera à toi et tu ne manqueras de rien, car le désir est la mère du besoin, et le besoin est une œuvre de dérèglement qui se soigne avec un mauvais remède, le chagrin, car il s'afflige de ne pas trouver ce qu'il cherche, ne se repose pas sur ce qu'il a, mais est tourmenté par ce qu'il ne possède pas.

24. Tu t'enrichiras agréablement[110] comme moi si tu veux vivre avec moi, si tu m'obéis et écoutes mes paroles, et tu acquerras de **[30B]** mes biens, car Dieu est mon ami et je m'entretiens avec lui en me réjouissant de ses œuvres ; il est présent en moi et m'inspire. Je n'écoute pas les hommes mauvais, le ciel est mon toit, la terre tout entière ma couche, les forêts ma table, les fruits le plaisir de la nourriture, les fleuves les serviteurs (de la soif). Je ne mange pas de viande comme un lion, les chairs d'autres animaux ne pourrissent pas en moi et je ne suis pas la tombe d'animaux sans raison morts[111], car la Providence me fournit des fruits en nourriture, comme une mère aimante du lait à celui qu'elle a mis au monde.

[123D] 25. Mais tu cherches, Alexandre, à apprendre de moi ce que je possède de plus que les autres hommes et ce que je connais de sagesse par comparaison avec beaucoup d'entre eux. Tu me vois, je vis ainsi que j'ai été créé au commencement, je vis nu comme j'ai été mis au monde par ma mère, sans richesse et sans soucis. C'est pourquoi je connais ce que Dieu fait et je sais ce qui doit arriver. Vous vous étonnez[112] quand nous faisons des prédictions sur les événements qui vous arrivent chaque jour, sans comprendre les œuvres de Dieu qui vous sont montrées à tout instant. Famines, pestes, guerres, éclairs, sécheresses, pluies et destruction des récoltes, je les connais d'avance ; et comment cela arrive, d'où et pourquoi, la Providence m'en fournit la connaissance[113]. Cela me réjouit beaucoup que Dieu ait fait de moi le confident de ses propres œuvres, comme un fils bien-aimé, que Dieu avec ses propres œuvres m'ait accordé sa justice. Si la crainte des ennemis ou une autre terreur tombe sur un roi, il vient à moi comme à un messager de Dieu[114], et moi, en faisant appel à la Providence de Dieu, je le persuade de donner quelque chose de bon à celui qui est présent auprès de moi et je le renvoie rassuré, après avoir dissipé cette crainte[115].

26. Qu'y a-t-il de meilleur, dis-moi, faire du tort aux hommes et avoir le renom d'une mauvaise gloire, ou plutôt les protéger et être connu comme un bienfaiteur ? Et qu'est-ce qui convient à des fils de Dieu, faire la guerre et détruire ce qui a été créé par la Providence ou vivre en paix **[124D]** et reconstruire, comme un serviteur du créateur, ce qui a été démoli et abattu[116] ? Le pouvoir ne te sera pas utile, roi Alexandre, **[32B]** ni l'abondance de l'or ou les nombreux éléphants, ni le vêtement chamarré et distingué que tu portes, ni l'armée qui maintenant t'entoure, ni les chevaux, ni les porte-lances, ni tout ce que tu as enlevé aux autres avec des guerres et des combats, mais tu obtiendras les plus grands profits si tu es persuadé par mes paroles et que tu écoutes ma voix.

27. Mais toi, Alexandre, que tu me tues alors que je te dis ce qui t'est avantageux, je n'en ai aucune crainte, car j'irai vers mon Dieu qui a créé toutes choses ; lui connaît ma manière de vivre et rien ne lui est caché, lui dont les astres, le soleil et la lune sont les yeux[117], et lui-même jugera aussi les autres injustes. Tu ne lui échapperas pas ni n'auras de lieu pour le fuir. Aussi ne jette pas à bas ce que Dieu veut construire, ne fais pas disparaître par la force ce que celui-ci veut embellir, ne répands pas le sang des villes, ne passe pas sur des nations mortes, car il est bien préférable de vivre pour soi-même que d'en tuer d'autres et, alors qu'on n'est pas mort, de déclarer les autres bienheureux, et bien préférable de savoir que c'est un préjudice de s'emparer des biens des autres plutôt que d'estimer que c'est un gain.

28. Pourquoi toi, qui es une seule âme, veux-tu détruire tant de nations ? Pourquoi, en t'en réjouissant stupidement, remplis-tu la terre entière de multiples maux ? Pourquoi vois-tu les malheurs d'autrui comme des gains pour toi-même ? Pourquoi ris-tu de ceux qui pleurent ? Souviens-toi de moi, nu et indigent dans le désert **[125D]** et, en mettant fin aux guerres, embrasse la paix chère à la Providence, et ne cherche pas à montrer ta valeur dans les malheurs (que tu provoques), mais à passer avec nous une vie sans soucis. Jette loin de toi les laines des brebis et ne te réfugie pas sous une protection morte. Alors tu t'estimeras toi-même en nous imitant, devenu tel que tu as été créé, car l'âme s'exerce à la vertu[118] dans la solitude.

29. Choisis donc, roi Alexandre, de vivre notre vie immatérielle. Je ne sais si tu es aussi heureux que tu pourras l'être si tu te laisses persuader par nos paroles **[34]** de te trouver toi-même[119]. Les Macédoniens maintenant t'attendent pour massacrer des hommes et s'emparer de leurs biens, et aujourd'hui les assassins du sang des autres s'affligent en voyant une nation restée saine et sauve, car ce sont les soldats de leurs propres convoitises, qui ont des motivations injustes.

30. Quand gagneras-tu la vie sereine qui t'a été destinée par Dieu, pour que tu vives pour toi-même et ne tues plus les autres ? Maintenant, en entendant ces paroles, qu'attends-tu pour t'intéresser désormais à toi-même ? Ou cherches-tu à piller davantage, à troubler des nations, à tuer des hommes – et ce que tu as fait, t'apprêtes-tu à le faire ? Mais si tu ne te tiens pas fermement à mes paroles et que tu t'en éloignes, lorsque je serai dans l'éther[120], je te verrai supporter le châtiment de ces actes et t'affliger avec d'amers gémissements, en rendant les comptes de ce que tu as fait. Tu te souviendras alors des divines paroles que je t'ai adressées, quand ne t'accompagneront plus les chevaux exercés aux guerres et une foule de gardes du corps. Alors tu pleureras en gémissant, en recherchant la vie que tu as perdue vainement dans des agitations désordonnées et des guerres contre un sang innocent, lorsque tu n'auras rien d'autre à voir autour de toi sinon le souvenir des maux que tu as accumulés pour toi-même, car je connais les châtiments infligés avec justice par Dieu aux hommes. Tu me diras alors : « Tu étais autrefois un bon conseiller, Dandamis », car se présenteront **[126D]** à toi les âmes à qui tu as fait la guerre injustement. À combien alors résisteras-tu en t'excusant ? D'avoir été appelé le Grand et d'avoir semblé l'être ne te servira de rien – celui qui aujourd'hui veut vaincre le monde sera alors vaincu ».

31. Alexandre écoutait cela avec grand plaisir et il ne se mit pas en colère, car il y avait en lui un esprit divin, mais il était détourné par un mauvais démon vers des meurtres et des bouleversements. Fortement frappé par les paroles surprenantes de Dandamis, Alexandre répondit en ces termes :

32. « Véritable maître des brahmanes, qui réformes par la sagesse de la Providence les hommes qui viennent auprès de toi, **[36B]** toi que j'ai connu par Calanos et que j'ai désiré rencontrer, je t'ai trouvé le plus éminent de tous les hommes à cause de l'esprit qui est en toi. Je sais que tout ce que tu dis est vrai, car Dieu t'a fait naître et lui-même t'a envoyé dans ces lieux où il t'est possible de vivre heureux, car tu es sans trouble en toute ta nature, riche, sans besoins et jouissant d'une totale tranquillité.

33. Mais moi qui suis habité par d'incessantes peurs et accablé par de continuelles agitations, que ferai-je ? J'ai de nombreux gardiens et je les crains plus que les ennemis. Les amis sont pires que mes adversaires, qui conspirent chaque jour contre moi plus que mes ennemis ; je ne peux vivre sans eux, mais je n'ai pas confiance quand je suis à nouveau avec eux. J'ai peur de ceux par qui je suis gardé. Alors que de jour je tourmente les nations, je suis tourmenté quand vient la nuit par mes pensées : est-ce que l'un va me tuer avec l'épée ? Hélas, je suis affligé si je punis ceux qui me désobéissent et méprisé si je ne les punis pas.

34. Et comment est-il possible que je renonce à toutes ces entreprises ? Car si je voulais vivre dans le désert, les hypaspistes[121] ne me le permettraient pas. Il ne m'est pas possible davantage, même si je le voulais, de quitter **[127D]** ce qui m'a été départi par le sort. Pourquoi donc me justifierai-je devant Dieu, qui m'a assigné ce destin[122] ?

35. Mais toi, vieil homme, précieux trésor de Dieu, en échange de ce dont je te suis redevable – de m'avoir charmé par tes paroles de sagesse et de m'avoir libéré des conflits[123] –, accepte les dons que je t'ai apportés et ne me fais pas honte, car je rends hommage à la sagesse en l'honorant ».

36. Lorsqu'il eut dit cela à Dandamis, Alexandre fit un signe à ses serviteurs ; ceux-ci apportèrent de l'or et de l'argent de choix, un vêtement chamarré, des pains et de l'huile[124]. Dandanis, en voyant cela, sourit et dit :

[38B] 37. « Persuade les oiseaux qui chantent dans la forêt de prendre de l'or et de l'argent et de mieux chanter, mais si tu ne peux les persuader, tu ne me persuaderas pas de devenir pire que les oiseaux, car je n'accepte pas ce que je ne mange ni ne bois – c'est une possession inutile –, ni ne garde rien qui serait pour l'âme une acquisition nuisible. Je n'asservirai pas maintenant mon âme libre de toute préoccupation, je ne troublerai pas en vain ma pensée pure, jamais de la vie ! Je n'ai pas besoin d'acheter quelque chose, moi qui réside dans les déserts. Dieu me donne tout gratuitement, des fruits pour nourriture et de l'eau pour boisson, des forêts en guise de demeure, de l'air pour l'accroissement de toutes choses, car

Dieu ne vend rien pour de l'or, mais accorde toutes choses, en donnant de bonnes pensées à qui sait les recevoir[125].

38. Je suis vêtu du manteau avec lequel ma mère m'engendra dans les douleurs. Je me nourris de l'air et me vois avec plaisir tel que je suis[126]. Pourquoi me forces-tu à entourer tout mon corps de liens ? L'absence d'inquiétude m'est plus chère que toute chose créée et la boisson du fleuve qui guérit la soif selon la nature m'est plus douce et plus agréable que le miel. **[128D]** Et si ces pains sont faits pour la nourriture, pourquoi les as-tu brûlés avec du feu ? Je ne mange pas les restes du feu et n'enlève pas la nourriture d'autrui. Que le feu, qui les a goûtés, les consume ! Mais pour ne pas te faire injure, toi qui honores la sagesse, j'accepte l'huile[127].

39. En disant cela, Dandamis prit l'huile, se leva et parcourut la forêt ; après avoir recueilli du bois, il fit un grand bûcher, et en y mettant le feu, il dit : « Le brahmane possède tout et il est nourri par la Providence ». Ayant attisé convenablement le feu, il versa l'huile jusqu'à ce qu'elle soit toute consumée et chanta un hymne à Dieu[128] :

« Dieu immortel, je te rends grâces en toute chose[129]. Toi seul règnes véritablement sur tout l'univers, en fournissant tout avec abondance à ta créature pour sa nourriture. Après avoir créé ce monde, tu gardes en attendant les âmes que tu y as envoyées, afin d'honorer, comme Dieu, celles qui se sont conduites sans faillir et de livrer au châtiment celles **[40 B]** qui ont désobéi à tes lois[130]. Tout jugement est juste de ta part et une vie sans fin est préparée auprès de toi, car tu as pitié de tous dans ton éternelle bonté ».

40. Quand il eut entendu et vu tout cela, grandement émerveillé et frappé par les sages et véridiques paroles de Dandamis, Alexandre s'éloigna, emportant tous les dons qu'il avait apportés, sauf l'huile, que le feu avait consumée. Dandamis dit alors :

Nouveau discours de Dandamis

41. « C'est ainsi que nous[131] sommes tous, Alexandre, mais ton ami Calanos, qui pendant peu de temps a imité notre vie, est devenu pour nous un mauvais homme ; parce qu'il n'aimait pas Dieu, il a déserté chez les Grecs, et parce que contre **[129D]** la coutume il a vu nos mystères et les a livrés à la risée des nations profanes[132], il s'est jeté dans un feu qui ne meurt pas[133]. Mais toi, qui es le maître de la mauvaise nation des Macédoniens, tu calomniais d'abord les brahmanes et ordonnais de les tuer[134], convaincu par de faux discours ; or il ne convient pas à un roi et à celui qui a le soin de gouverner les nations d'être convaincu par des calomniateurs.

42. Quant à nous, nous rendrons compte à Dieu de notre propre vie lorsque nous irons vers lui ; nous sommes ses œuvres, nous tous qui nous réclamons de sa justice, nous méprisons la vaine gloire des sots[135]. Comment donc pouvez-vous mépriser nos coutumes, alors que vous vous conduisez mal et vous souciez peu de ce qui est véritablement bon[136] ? Nous, les brahmanes, nous souvenant de la manière dont nous avons été mis au monde, nous vivons selon cette nature et examinons comment nous pouvons vivre de manière à ne mériter aucun blâme ; nous vivons dans la sérénité, sans nous préoccuper de rien, car le souci de la matière, de la vie et des nourritures éloigne l'esprit de Dieu. La Providence demandera compte à chacun de nous de son propre caractère, et nous serons punis pour les actions de celui-ci. C'est pourquoi nous sommes heureux dans les solitudes, résidant au milieu des forêts afin de fixer notre esprit sur tout ce qui est agréable à Dieu, afin que les bavardages des autres hommes ne détournent pas nos âmes **[42B]** de rendre gloire à Dieu[137].

43. Heureux celui qui n'a besoin de rien, mais se préoccupe de la gloire du maître de tous[138]. La vaine gloire en revanche a besoin de tous, car celui qui veut plaire à tous doit être l'esclave de tous. Nous n'avons pas besoin de nous mettre en quête de villes, car elles sont une assemblée de complots et le terrain de beaucoup de vices. Dieu a bâti pour nous de grandes maisons, des montagnes élevées et des forêts ombreuses ; en mangeant les fruits d'une nature pure nous en faisons nos délices, et en buvant l'eau nous en sommes charmés, nous prenons le repos le plus agréable sur des feuilles et, en nous reposant sur elles, nous nous libérons de la fatigue.

44. Comment donc vous, qui êtes les esclaves de beaucoup de choses, pouvez donner des ordres à ceux qui sont libres en tout ? Car vous êtes les esclaves d'une âme qui désire maintes choses diverses. **[130D]** Si vous voulez avoir plusieurs manteaux, vous avez besoin du berger, du tisserand, du foulon ou du cardeur[139]. Ne me dis pas : Je ne porte pas des vêtements moelleux, car c'est le même esclavage de se préoccuper d'une petite ou d'une grande chose : celui qui convoite de l'or en désirera davantage, celui qui veut régner sur une petite ville s'emparera certainement d'une plus grande pour la gouverner. Vous tirez grandement vanité d'un peu de pourpre qui brille sur votre manteau, alors que les Indiens de couleur totalement pourpre qui sont nos esclaves portent des vêtements pourpres. Vous pensez que la pourpre est très glorieuse, même si vous n'en utilisez que peu, mais si le bien pour vous consiste en une petite quantité, vous êtes vraiment pauvres et admirez de petites choses.

45. Et pourquoi tuez-vous des animaux, qui sont des enfants de la terre et qui eux-mêmes vous sont très utiles ? Vous tondez les uns et vous revêtez de leur laine, trayez les autres et buvez leur lait, avec eux vous travaillez la terre et en vendez les fruits, montés sur eux vous faites la guerre en pillant les biens d'autrui ; vous les tuez **[44B]** injustement et telle est chez vous la récompense accordée aux animaux. Vous vous enveloppez à l'extérieur de leur laine, vous portez leurs viandes à l'intérieur de vous et devenez les tombes ambulantes d'animaux morts. Chargée d'une aussi grande infamie d'actes absurdes, comment une âme peut-elle recevoir l'esprit de Dieu ? Laisse dehors les viandes pendant deux jours, et vois ce qui arrivera : tu ne pourras pas supporter leur odeur et la fuiras en allant à l'extérieur. Combien d'impuretés s'introduisent dans l'âme par elles, combien entrent dans les reins de ceux qui les désirent ? Comment donc un esprit divin peut-il pénétrer les sens d'un tel homme ? Vous mangez des viandes qui souillent le corps, dissolvent l'âme, engendrent la colère, font obstacle à la paix, font périr la sagesse, réveillent l'intempérance, provoquent des vomissements, entraînent des maladies. L'esprit se retire d'un homme mortel qui mange de la viande et un démon scélérat s'introduit à demeure. En revanche, les fruits secs des arbres et les herbes des champs, si on les laisse à l'extérieur **[131D]**, dégagent une excellente odeur et, mangés par les sages, fécondent un esprit digne de Dieu et conviennent au corps. Ce sont eux que Dieu a produits pour nourrir l'intelligence des mortels. Votre esprit est détruit à cause de votre gloutonnerie, et vous aspirez la fureur des bêtes sauvages en vous gorgeant de viandes d'animaux, vous êtes les réceptacles corrompus de membres pourris. Vous êtes pires que les loups, les lions et toutes les bêtes sauvages, car les loups, s'ils pouvaient manger des fruits, ne chercheraient pas de viande. Taureaux, chevaux, cerfs et de nombreuses autres espèces d'animaux ont une nourriture plus appropriée que vous, car ils se nourrissent des herbes des steppes, boivent de l'eau et séjournent dans les montagnes ; aussi leur force est intacte[140] et leurs muscles fortifiés. Pourquoi donc n'imitez-vous pas ceux qui sont nourris par la Providence de Dieu ?

46. Sous prétexte d'offrir des sacrifices et d'utiliser du feu, vous les préparez en nourriture pour vous-mêmes. Ceux qui sont vigoureux et vous suffiraient, vous ne les prenez pas au piège, car vous cherchez la nourriture la plus variée, dépensez beaucoup en raison de votre insatiabilité **[46B]** et vous fatiguez pour une multitude de petits animaux, pour un plaisir médiocre et vain ; votre fatigue est absurde et vous conduit à la perte. À cause de tout cela, votre vie est misérable et malheureuse.

47. Quant à nous, nous ne buvons même pas d'eau délibérément si nous n'avons pas soif ; quand c'est nécessaire, que la soif est présente, nous étanchons celle-ci, qui est survenue selon la nature, grâce aux sources des eaux, qui coulent même quand nous ne buvons pas. Vous, pour le plaisir du ventre, vous inventez des artifices, afin que même sans avoir faim vous fassiez éclater le malheureux ventre grâce à l'art varié des cuisiniers, en alimentant grâce à lui sa gloutonnerie. Vous chassez dans les airs[141] pour rechercher du plaisir, vous passez au crible la mer avec des filets à cause de vos nombreuses envies, vous faites des expéditions dans les montagnes à cause de votre insatiabilité, en vous vantant de la vigueur de vos chiens, vous injuriez les bêtes sauvages qui ont été créées par la Providence et dites qu'elles habitent un affreux désert, en vous indignant contre la Providence. Vous poursuivez les unes, vous voulez capturer les autres, vous en tuez le plus grand nombre ; après avoir capturé les plus sauvages d'entre elles et les avoir enfermées dans des cages, vous les emmenez en ville, non pour semer grâce à elles ou leur faire accomplir un autre service utile, mais pour **[132D]** faire disparaître en l'outrageant un homme qui est votre semblable et qui est l'œuvre de Dieu. Vous jetez celui-ci, attaché par des liens solides, à une bête sauvage détachée, et, assis, vous contemplez en face l'homme vaincu dans sa lutte par les bêtes en vous réjouissant de son inévitable destin et en riant. Vous vous empressez de livrer à une mort horrible l'image commune de notre nature, façonnée par la main de Dieu[142], et après que celui-ci a été massacré par elle, comment pouvez-vous, une fois que vous avez égorgé à son tour la bête, vous détourner d'elle et dire en l'injuriant : “Oh la méchante bête, un tueur d'hommes !” Et le pire de tout, alors que la bête s'est remplie de la chair et du sang humains, vous la tuez et la mangez à votre tour, et vous vous montrez plus sauvages que les bêtes féroces, en mangeant ces hommes eux-mêmes[143] et **[48B]** en accumulant pour vous-mêmes des malheurs irrémédiables dans votre estomac.

48. Et encore, après avoir pillé les régions plus pauvres, vous bâtissez des maisons, pour que, bien au chaud, vous digériez tranquillement. Vous contraignez vos intestins, forcés artificiellement, à s'élargir par suite de votre intempérance sans mesure, de vos banquets de viande, de vos flots de vin. Nous, nous prions pour ne plus avoir soif, même pas d'eau, car lorsque nous donnons trop d'eau à notre corps nous nous détournons de la vérité[144], mais vous, vous réunissez joyeusement pour boire du vin et ne cessez pas de boire tant que vous ne délirez pas. Après cela, vous élevez les mains pour des libations et dirigez vos yeux vers le ciel, alors que vous avez totalement perdu le sens, l'esprit alourdi par le vin. Les fous chez vous sont plus heureux, car ils délirent sans avoir acheté de vin, mais vous, vous préoccupez du prix du vin, afin que, après l'avoir acheté, vous perdiez le sens par l'excès de boisson, en vous laissant envahir par une folie déraisonnable, en abattant vos poings les uns contre les autres, en blessant chacun son voisin, et vous faites cela sans vous en rendre compte. Mais lorsque le vin s'est évaporé, vos douleurs vous apprennent ce que vous avez fait, et même alors vous n'avez pas le courage de vous garder de l'excès de vin.

49. Et encore, après avoir mangé en quantité, vous n'arrivez pas à digérer, mais lorsque vous rentrez le soir vous vomissez votre intempérance par la bouche, **[133D]** en renversant l'ordre de la nature. Buvant sans mesure, vous vous remplissez comme des vases, et quand le vin a exhalé ses fumées, vous le rejetez finalement en renversant votre corps comme des insensés, en marchant sur la tête et non sur les pieds, comme les animaux. Vous vous forcez à vous remplir, et vous videz ensuite avec violence. En vous ajoutant une maladie, vous détraquez votre corps, et par les moyens avec lesquels vous croyez guérir le ventre, vous l'accablez, et en étant toujours fatigués vous êtes privés de tout plaisir. Le résultat d'une voracité démesurée, c'est la torture du corps, et non la santé, car à cause de votre absence de mesure, vous êtes punis par les maladies. Et qu'est le plaisir du corps à côté du bonheur de l'âme ? **[50B]** Si vous voulez montrer que vous possédez beaucoup de biens, faites don du superflu à ceux qui chez vous en ont besoin. Mais, à ce que nous entendons, vous êtes pauvres en réalité, de sorte que vous ne donnez pas de pain à ceux qui vous en demandent. Vous vous préoccupez d'entasser d'innombrables richesses, mais vous êtes les esclaves de corps et d'intestins insatiables.

50. À cause de ces passions, beaucoup de médecins chez vous purgent votre insatiabilité, ou étranglent par la faim votre grand appétit, ou freinent la maladie par d'autres méthodes, en domptant par la soif ceux qui auparavant se versaient du vin comme dans des vases percés, en ne leur permettant même pas une goutte d'eau. Ceux qui auparavant avaient la tête lourde sont maintenant constamment tourmentés par l'absence d'eau. Ils buvaient alors du vin contre la nature, maintenant ils désirent de l'eau selon la nature ; alors ils étaient agités par un désir insatiable, maintenant ils sont torturés par la privation du nécessaire.

51. Nous, brahmanes, ne recherchons pas le vin, ne nous procurons pas une folie volontaire, mais nous avons l'eau, autant que nous en voulons, de la Providence divine ; nous en jouissons et nous apaisons sagement la soif selon la nature sans provoquer la folie, car nous préférons la mort plutôt que d'être dominés par l'ivresse. Il vaut beaucoup mieux être livré à une bête sauvage **[134D]** que d'être rejeté de la gloire de Dieu pour avoir trop bu. Celui qui s'enivre est pire que les animaux sans raison, lorsque son intelligence est morte, car en perdant la raison il s'est rendu étranger à Dieu.

52. Que sont donc les grands parmi vous ? Ils sont trompés par leur richesse en se préoccupant de ce qui est faux et ils se font mutuellement du tort en espérant posséder seulement celle d'ici-bas ; d'autre part, ils privent les plus faibles, en les tuant, du peu qu'ils possèdent, mais la fin de tout cela reste la mort.

53. Que dirons-nous des Épicuriens, des hommes qui se promènent avec mollesse, pommadés et revêtus d'un délicat vêtement féminin, souillant l'air par les effusions de violents parfums ? Que faut-il dire aussi des savants philosophes stoïciens, qui aiment l'argent ? Que dire **[52B]** encore des philosophes péripatéticiens ? Or tous sont grands et admirés chez vous, mais pas chez les brahmanes.

54. Nous entendons dire qu'on a trouvé chez vous une nouvelle espèce d'hommes, car vous mutilez les mâles et les forcez à devenir des femmes[145], et l'homme né chez vous devient incapable d'engendrer comme un homme et d'accoucher comme une femme, mais il vit seulement dans son propre outrage. Qui donc n'aurait pitié de vous en voyant chez vous ce dommage ?

55. Alors que nous avons compassion de vous, nous ne vous sommes utiles en rien[146], parce que votre manière de penser ne s'accorde pas avec la conduite des brahmanes. En effet, nous haïssons l'orgueil et aimons toute nature humaine, en occupant les postes de maîtres de vérité, de ceux qui indiquent le chemin de la justice, à ceux qui veulent qu'on leur fasse du bien dans cette vie, en passant notre vie auprès de tous comme dans une très grande maison, avec une âme nue comme le corps – c'est-à-dire que nous sommes riches pour tout homme par notre âme intègre.

56. Nous entendons dire que la Macédoine fait violence à tout le monde alors qu'on lui a fait violence auparavant, car tous sont esclaves de leur âme troublée ; mais de tout cela les brahmanes sont sans expérience, ils ne sont combattus par personne, car nous ne convoitons rien de ce qui est chez vous.

57. Mais toi, roi Alexandre, qui es venu dans les Indes[147] et as vu les brahmanes, si tu veux penser comme nous, habite nu dans les déserts, car autrement nous ne te recevons pas **[135D]**, si tu n'écartes de toi tous les pouvoirs dans lesquels tu t'es complu et t'enorgueillis. Les discours de la Providence te toucheront – comme je te l'avais dit auparavant[148] – et tu aimeras de tout ton cœur tout ce qu'autrefois tu as loué après l'avoir admiré. Si tu m'obéis et que tu fasses cela, personne absolument ne te fera plus la guerre, et personne ne pourra rien t'enlever de ce que tu n'as pas acquis. Si tu m'obéis strictement et fidèlement, personne ne trouvera en toi rien de votre manière de vivre, car des forêts te nourriront, la Providence te fournissant toutes choses **[54B]** comme elle le fait pour nous, et tu seras riche en tout en imitant parfaitement les brahmanes. Et pour moi, ce qui t'a été utile sera inscrit pour une joie éternelle, car c'est cela que tu m'as demandé depuis le début. Nous ne repoussons aucun de ceux qui veulent vraiment vivre dans la piété envers Dieu et désirent imiter notre vie, car nous avons compassion pour tout le genre humain[149].

COLLATIO ALEXANDRI ET DINDIMI[1]* :
CORRESPONDANCE
D'ALEXANDRE LE GRAND,
ROI DE MACÉDOINE,
ET DE DINDIME,
ROI DES BRAHMANES,
SUR LA PHILOSOPHIE.

* Les notes sont en fin de volume.

[1][2] Lettre I : d'Alexandre à Dindime[3]

1. Il est bien souvent venu à mes oreilles[4] que votre manière de vivre était différente de celle qui est commune à tous les hommes en tous lieux. Ceux qui le disent assurent que vous n'usez des ressources ni de la terre ni de la mer[5]. Cela, admirable par sa nouveauté, semble incroyable, en raison de la liberté incontrôlée des rumeurs, et je me suis empressé de te consulter par cette lettre, Dindime, pour que tu m'expliques sans retard si ce que nous avons entendu est vrai ou si vous agissez ainsi pour un motif de philosophie[6], afin que, rendu plus assuré de la chose, je devienne moi aussi, si c'est possible, un adepte de cette doctrine.

2. Je me suis en effet toujours appliqué depuis mon jeune âge à l'étude des vertus et ai conservé avec diligence, je pense, les commandements d'innocence qui m'ont été transmis par des sages[7]. Par eux nous sommes instruits sur la manière de bien vivre, afin que nous n'ignorions pas totalement les raisons de vivre et les remèdes pour cela. Mais parce que votre excellente doctrine, à ce qu'on raconte, conduit à la pratique d'une observance singulière, qui surpasse les doctrines philosophiques connues et habituelles des philosophes, je te prie de me découvrir celle-ci sans tarder : pour vous il n'en résultera aucune perte et nous obtiendrons peut-être quelque chose d'avantageux. La mise en commun se fait librement et ne peut souffrir aucun dommage lorsque ce que l'on partage est transmis à un autre, de même qu'on ne fait aucun tort à la matière originelle lorsqu'on allume plusieurs lampes à partir d'un flambeau[8]. Celle-ci en vérité reçoit la faculté de briller autant de fois qu'elle trouve d'occasions de donner. C'est pourquoi je te prie de donner des réponses à mes demandes.

2. Première réponse de Dindime, roi des brahmanes[9], à Alexandre, grand roi des Macédoniens

1. Toi qui désires savoir, Alexandre, ce qu'est la sagesse parfaite[10] – bien que tu déclares ne pas en être ignorant –, je te loue grandement d'avoir préféré obtenir cela seul qui est plus précieux que tout pouvoir, car d'un souverain qui n'est pas versé dans la philosophie on ne pense pas qu'il gouverne seul, mais qu'il est le serviteur d'un très grand nombre[11]. Cependant, parce qu'il me paraît assez difficile et presque impossible de te faire passer maintenant à nos manières d'agir, alors que tu es imprégné d'opinions et de mœurs différentes, éloignées de ce que requiert notre genre de vie[12], j'avais décidé de me taire et d'obtenir de toi la dispense de ce que tu me demandes – surtout parce que je ne dispose d'aucun talent d'éloquence et que peu de temps t'est donné pour lire, occupé que tu es par les préparatifs de la guerre ; mais pour que tu ne me dises pas que je me récuse par envie, je ferai, autant que je le peux, ce que tu demandes. Ce n'est pas sans raison que, ne te fiant pas à la renommée, tu as rejeté les nouvelles qu'elle te rapportait sur nous, car elle a coutume de se complaire aux fictions. Maintenant cependant, apprends de moi à connaître de manière indubitable, toi qui es curieux d'apprendre la vérité des faits rapportés, comment nous nous comportons pour vivre heureux. À toi assurément de juger si tu penses que ce que nous proposons est à suivre ou à mépriser.

2. Eh bien, la nation des brahmanes mène une vie pure et simple. Elle ne se laisse prendre aux séductions d'aucune sorte. Elle ne désire rien de plus que ce que réclame la loi de la nature. Elle souffre et supporte tout, ne croyant nécessaire que ce qu'elle sait n'être pas superflu[13]. Notre nourriture est toujours simple, ce n'est pas celle que le raffinement d'une vie de luxe recherche en courant après toute sorte d'aliments, mais celle que produit une terre qui n'a pas été violée par le fer. Nous chargeons notre table de mets qui ne nuisent pas. De là vient que nous ne comptons aucune espèce ni aucun nom de maladies, mais que nous jouissons des joies durables d'une parfaite santé. Il n'y a donc chez nous aucun usage d'herbes pour soigner nos corps et, en bonne forme, nous **[2]** n'avons pas besoin de secours contre des maladies étrangères. Là où l'on vit entre égaux, l'un ne demande pas assistance à l'autre. Là où personne n'est supérieur, il n'y a pas de place pour l'envie. Une égale pauvreté fait que tous sont riches.

3. Nous n'avons pas de tribunaux, car nous ne faisons rien qu'il faille corriger. Nous n'avons pas de lois[14], qui chez vous ont produit des crimes, car en interdisant par de sévères sanctions des forfaits inconnus, elles les ont fait connaître. Notre nation n'a qu'une loi, celle de ne pas aller contre le droit de la nature. Nous ne faisons miséricorde à personne, car nous-mêmes ne commettons rien qui ait besoin de miséricorde. Nous n'effaçons pas nos fautes en remettant les péchés[15] d'autrui, nous ne rachetons pas des crimes accumulés en répandant des richesses. À quoi sert la générosité dont fait preuve celui qui a fait du tort à son prochain lorsque ce qui est donné est semblable à l'auteur du tort ? Peut-être est plus honnête celui avec lequel, se sentant coupable, il partage ce qu'il a volé. Il en résulte que celui qui reçoit partage la faute de celui qui donne, car le mal rend égaux ceux qui sont en contact avec lui.

4. Nous n'exerçons pas de travail qui nourrisse l'avarice[16]. Nous évitons l'oisiveté honteuse. Nous ne livrons pas nos membres au plaisir pour les affaiblir. Nous ne profitons pas de la nuit pour commettre des actions honteuses. Nous ne faisons rien que la pénitence[17] doive corriger. C'est un crime pour nous de blesser avec des socs[18] les sommets des montagnes et de rider avec des charrues la blancheur des champs[19], ou d'atteler des taureaux gémissants à des attelages grinçants[20]. Nous ne torturons pas nos entrailles avec des repas sanglants[21]. Pour nous nourrir, nous ne fouillons pas les profondeurs des rivages avec des filets, nous ne trompons pas les animaux des mers par une chasse secrète, nous ne blessons pas la liberté de l'air en capturant des oiseaux. Nous n'exterminons pas par des battues les habitants des forêts ni ne rapportons à la maison les dépouilles des animaux sauvages. Nous possédons tout ce que nous ne désirons pas. La cupidité est en effet un fléau très virulent, qui d'ordinaire rend pauvres ceux qu'elle saisit, car elle ne trouve pas de fin à sa recherche et réclame encore davantage de ce dont elle a été enrichie.

5. Pour nous laver, nous n'élevons pas des bâtiments munis de tours. Nous ne desséchons pas l'air salubre par quelque procédé, ni n'enfermons les flux glacés des eaux dans un lieu brûlant[22]. Pourquoi demanderions-nous des bains, nous dont le corps n'est pas souillé par des contacts impurs ? Nous sommes réchauffés par le soleil, mouillés par la rosée, nous apaisons notre soif au ruisseau[23]. La terre nous sert de lit, l'inquiétude ne trouble pas notre sommeil[24], la réflexion ne fatigue pas notre esprit. Nous n'exerçons pas un pouvoir arrogant sur des hommes semblables à nous. Nous n'exigeons de personne la moindre servitude, à l'exception de notre corps, parce que nous estimons que lui seul est au service de l'âme. Du reste, c'est de la cruauté de forcer à l'obéissance ceux que la même nature a engendrés comme nos frères et auxquels l'héritage de biens communs est promis par le même Dieu père.

6. Lorsque nous bâtissons des maisons, nous ne brisons pas des rochers par le feu. Nous ne transformons pas à nouveau la boue, jetée dans des fours, en pierres et ne faisons pas de mortiers plus durs en leur ajoutant de la poussière qui les renforce[25]. Nous ne faisons pas de fondations dans les profondeurs de la mer, de peur que les anciennes possessions de l'Océan soient diminuées par l'un d'entre nous et que nos demeures soient exposées au soleil là où il y avait autrefois une navigation tempétueuse, en nous efforçant, en quelque sorte, d'élargir les espaces trop étroits des terres et d'apporter comme un supplément à une défaillance du Créateur. Au contraire, nous habitons de préférence dans les grottes profondes de la terre ou les antres caverneux des montagnes. Nous n'y craignons aucun grondement des vents, les tourbillons d'aucune tempête. La grotte nous protège de la pluie plus sûrement que des tuiles ; son usage pour nous est double : elle nous sert de demeure pendant que nous vivons, de sépulture quand nous mourons.

7. Il n'y a chez nous aucun vêtement de prix, aucun habit teint d'une couleur artificielle. Nos membres sont couverts par une protection de papyrus, ou, pour mieux dire, par la pudeur. Nos femmes ne se parent pas pour plaire. Elles **[3]** considèrent la recherche d'une parure comme un fardeau plutôt que comme un agrément. Elles ne peuvent en effet, pour augmenter leur beauté, en faire paraître davantage que lorsqu'elles sont nées, car qui peut corriger l'œuvre de la nature[26] ? Si cela a été fait, ou bien c'est sans résultat, car on sera vaincu, ou bien c'est criminel, car on a fait preuve de présomption.

Ni inceste, ni adultère, ni débauche ne se trouvent chez nous. Ce n'est pas le plaisir qui nous pousse à l'union, mais l'amour des enfants[27]. Nous ne connaissons pas l'amour, sinon celui qui est légitime. Nous n'empêchons pas, par des boissons abortives, le développement du fœtus à naître et ne provoquons pas dans un corps vivant la mort d'un autre corps. Dans la conception des hommes, nous ne privons aucunement Dieu de son droit en provoquant la stérilité[28] et ne faisons pas se hâter les fils qui tardent des Parques en prenant avec l'épée la vie de ceux qui vivent longtemps[29].

8. Nous ne prenons pas les armes, n'engageons pas de guerres, nous assurons la paix par nos mœurs, non par la force. C'est la seule Fortune que souvent nous combattons, et toujours nous sommes vainqueurs ; pour nous avoir mis à l'épreuve, elle déplore sa témérité. Nous ne nous préoccupons en rien du destin, car nous ne lui donnons pas de pouvoir contre nous en agissant bien. Nous ne souffrons pas la mort, sinon celle qu'un âge avancé nous apporte, aussi aucun parent n'accompagne les obsèques d'un fils. Nous ne construisons pas pour les défunts des tombeaux qui ressemblent à des temples. Nous ne cachons pas les cendres dans des urnes ornées de pierres précieuses, ce que je tiendrais non pour un honneur, mais plutôt pour une sanction. Qu'y a-t-il en effet de plus misérable que ces ossements, qu'on brûle de peur que la terre qui les a engendrés[30] les reçoive pour les embrasser[31] ?

9. Mais telles sont vos manières de faire. Les richesses, dont vous n'avez pas accordé la quantité suffisante aux vivants, vous les avez apportées aux morts comme suprême repos. Votre fureur contre un homme, à ce que je vois, trouve de quoi le tourmenter même après sa mort. Vous ne laissez pas la terre réchauffer dans son sein les cendres qu'elle a mises au monde, pendant que, sous l'apparence d'un service généreux, vous enlevez à des malheureux une sépulture agréable. Que les hommes apprennent quelle récompense vous procurez à ceux que vous aimez !

Vous êtes la cause de tous les maux des mortels. Vous affirmez avoir enfermé l'Asie et l'Afrique dans d'étroites frontières. Vous faites trembler la course du soleil pendant qu'Alexandre recherche par les armes le terme de sa course. Vous avez rendu sans couleurs les cours éclatants d'or du Pactole et de l'Hermus[32]. Vous avez incité à aller voir le Nil[33]. Vous avez appris à construire un pont de vaisseaux. Vous avez montré que l'horrible Océan était navigable. Vous avez fait savoir que le gardien du Tartare pouvait être endormi par de l'argent[34]. Alors que vous dévorez tout, vous avez toujours le visage d'un jeûneur. Vous avez souillé les pieuses mains des pères par les meurtres des enfants[35]. Vous avez conduit, à la stupéfaction de Cupidon lui-même, des jeunes gens honnêtes dans le lit maternel[36]. Vous avez poussé les rois les plus doux à faire preuve d'insolence, et lorsque vous les avez persuadés que l'espace des terres leur suffisait à peine, vous les avez exhortés à rechercher l'emplacement du pôle.

10. Vous n'avez même pas laissé vos dieux exempts de votre maladie, car c'est en leur nom même que vous commettez des impiétés. En sont témoins Jupiter et Proserpine : celui-ci, parce que, orné d'or, il a fait tomber une femme pudique[37], celle-là, parce qu'elle ne reçoit un corps vivant dans le Tartare que lorsque de l'or a été offert[38]. Vous privez les hommes libres de leur honneur, vous accordez à vos esclaves des égards, vous honorez les captifs par des triomphes. Vous faites en sorte que vos rois ne puissent faire ce qu'ils veulent. Vous dépouillez les juges de leur intégrité. Vous soumettez la vertu aux vices, la bravoure aux inquiétudes. Vous disposez de tout et donnez des ordres à ceux qui vous possèdent[39]. Seule la sagesse des brahmanes vous est supérieure : elle pense avec mépris que la mère qui vous a engendrés[40] a engendré aussi les pierres.

11. Mais c'est assez là-dessus, parcourons maintenant le reste. Nous brahmanes ne souffrons pas d'épidémies[41] ; nous n'outrageons pas le climat tempéré[42] du ciel par des actes honteux. La nature chez nous maintient la concorde avec les saisons et ses éléments, qui n'ont pas subi d'offenses, conservent leurs alternances (régulières). Le remède de la médecine chez nous, c'est la sobriété[43], qui non seulement peut guérir les maladies persistantes, mais aussi faire en sorte qu'elles n'apparaissent pas.

12. Nous ne recherchons ni les spectacles publics, ni les courses de chevaux[44], ni les turpitudes du théâtre. Nous n'organisons pas des jeux de cirque pour le plaisir, nous avons horreur des flots de sang qui ruissellent[45]. Que fait en effet ce mime lorsqu'il ne découvre aucun ridicule qui lui permette de se moquer de nous ? Que fait le tragédien qui ne trouve rien sur quoi pleurer avec des cris ?[46] Pourquoi des jeunes gens sont-ils exposés à des bêtes sauvages, alors qu'un tel châtiment ne concerne la faute d'aucun ? Nous, lorsque nous voulons regarder une pièce de théâtre, nous parcourons les textes de vos œuvres, qui nous font pleurer, bien qu'on doive plutôt en rire.

13. En revanche, l'ensemble organisé du monde[47] nous offre d'autres spectacles[48] et des plaisirs divers : nous y voyons la belle voûte du ciel briller de constellations variées et de l'éclat des étoiles, le soleil tiré par des attelages pourpres répandre sa rayonnante chevelure dans tout l'univers. Une année nouvelle le suit, qui s'étend pendant deux fois six mois. Les saisons ceintes de guirlandes d'épis et de pampres l'accompagnent, les jours qui s'écoulent, les heures qui s'écoulent plus vite encore le devancent[49]. Nous voyons aussi la mer embellie d'une couleur pourpre[50], sans cesse agitée de flots paisibles et amicaux, dont il semble non qu'elle frappe la terre sa sœur, mais qu'elle l'embrasse. Ses poissons multiformes et ses dauphins font ingénument leurs sauts humides dans les ondes marines. Nous sommes charmés par l'aspect réjouissant des campagnes verdoyantes[51], dont l'odeur très agréable, s'exhalant de la suavité des fleurs, nourrit à la fois les yeux et l'esprit[52]. La douceur ombragée des forêts et des fontaines nous plaît ; des oiseaux variés, faisant en chœur retentir leurs chants, y composent une douce mélodie. Tels sont les spectacles de la nature, qu'il est difficile d'imiter et coupable de rejeter.

14. Nous ne sillonnons pas la mer avec des vaisseaux pour faire du commerce et ne cherchons pas, par satiété, à atteindre les provinces d'un pays étranger situées sous un autre soleil[53]. Cela présente d'ordinaire et de sévères périls pour ceux qui voyagent, et de grandes merveilles pour ceux qui ont atteint leur but. Jamais aucune envie de voyage ne nous a enflammés de l'ardeur de sa beauté, nous qui croyons que rien n'est plus plein d'attraits que la vision des lieux les plus proches. Et la richesse attachée en bien des cas au pouvoir ne fait pas de nous ses serviteurs, nous que la pauvreté absolue a rendus libres.

15. Nous n'apprenons pas l'art de bien parler et n'accordons pas d'attention à la facilité de parole des rhéteurs et des orateurs, dont la fonction consiste à forger des mensonges dans des discours fleuris, à donner aux crimes une assurance d'innocence, à déclarer très pieux les coupables de parricide[54]. Pendant qu'ils pensent avoir remporté le fruit d'une louange étrangère par une victoire injuste, ils ignorent qu'ils ont perdu la protection de leur conscience. Chez nous l'éloquence est simple et commune à tous, ordonnant seulement de ne pas mentir[55]. Nous fréquentons le moins possible les écoles des philosophes, dont la doctrine est discorde, qui ne définit rien de stable ni de certain, toujours favorable aux partisans de ceux qui déchirent ce qui plaisait auparavant[56]. De ceux-ci, une partie a placé le bien dans l'honnêteté, l'autre dans la volupté, et ils ne peuvent montrer d'où ils ont pu savoir eux-mêmes ce qu'ils affirment, mais ils osent confirmer des choses qui ne sont pas certaines par des arguments ambigus. Notre philosophie est simple, elle ne sait pas porter assistance sinon de manière juste, ni nuire injustement. Elle estime qu'il ne faut pas infliger aux autres ce qui provoque pour nous de la tristesse lorsqu'on l'inflige[57].

16. Nous n'immolons pas des agneaux innocents en l'honneur de Dieu, nous ne fondons pas de temples couverts de métaux argentés, nous ne dédicaçons pas des autels resplendissants d'or et de pierres précieuses. Si tu fais des dons à Dieu comme s'il ne les possédait pas, tu affirmes que tu lui es supérieur, si c'est comme s'il les possède, que tu es son égal. Que tu fasses une chose ou l'autre, c'est une insulte. Car quiconque sollicite les êtres célestes par des dons de prix fait une offense. Dieu ne reçoit pas les sacrifices sanglants, il aime un culte non sanglant[58], il méprise les libations funestes. Il est propice à ceux qui prient par la parole, qui appartient seulement à lui et à l'homme, et il se réjouit beaucoup de cette ressemblance, car Dieu est parole[59]. C'est lui qui a créé le monde, qui gouverne et nourrit toutes choses[60]. C'est lui que nous vénérons, lui que nous aimons, c'est de lui que nous retirons l'esprit, car Dieu lui-même est esprit[61] et intelligence, et c'est pourquoi il est apaisé non par des richesses terrestres et des offrandes généreuses, mais par des actions pieuses et l'action de grâces.

17. C'est pour cela que nous vous jugeons excessivement déraisonnables et misérables, vous qui ne comprenez pas que votre origine est céleste et qu'elle a une grande parenté avec Dieu, mais qui rabaissez la splendeur de votre race par des choses très viles, car pour vous la plus grande volupté se trouve dans la chair[62]. C'est elle qui vous contente, d'elle que vous prenez soin, elle que vous vénérez, elle que vous aimez, elle dont le contact, quand elle est vivante, est exécrable, et quand elle est morte est une souillure[63]. Dans les usages qu'on en fait, les profits sont abusifs, et le monde souffre de la complaisance qu'on lui manifeste. Et ce qui est le plus scandaleux, c'est que vous osez apaiser Dieu par les viandes des victimes et adresser un culte religieux non à un seul, mais à plusieurs dieux qui n'existent pas[64] – en cela vous êtes évidemment trompés par la chair. **18.** Car nous disons que l'homme est un petit monde[65], et comme dans celui-ci on distingue des membres multiples, vous imaginez de même que dans le ciel se trouvent des dieux variés. Vous assignez à chacun d'eux les diverses parties de votre corps, vous immolez pour chacun des victimes personnelles et leur attribuez des noms choisis, en affirmant que Minerve, en tant que sagesse, habite le sommet de la tête[66] ; Junon, qui préside à la colère, gouverne le cœur ; Mars, qui est chargé des guerres, distingue les poitrines qui reçoivent les blessures ; Mercure, l'inventeur de la facilité d'élocution, occupe les portes de la langue ; Hercule, en tant que pugiliste, a réclamé pour lui-même les bras[67] ; Cupidon se réserve le sanctuaire du foie ; Bacchus, auteur de l'ivresse, obtient le cellier du gosier ; Cérès, dispensatrice du blé, habite les greniers du ventre ; Vénus, mère du désir, occupe les chambres des cuisses[68], Jupiter, comme un esprit aérien[69], a son palais dans les narines, Apollon, professeur de médecine et de musique, possède les demeures des mains[70]. Toute la constitution de l'homme est livrée à la domination de ceux que vous appelez dieux, aucune partie de votre domicile corporel n'étant réservée à votre résidence. Ceux-ci pourtant ne vous rendent pas en retour le remerciement qu'ils doivent en tant qu'hôtes gratuits, mais ils vous imposent le versement d'un tribut comme à des locataires redevables, et chacun inflige des tributs différents. **19.** C'est pourquoi on immole le sanglier pour Mars[71], on consacre le bouc à Bacchus[72], on tue le paon pour Junon[73], on conduit le taureau à Jupiter[74], on offre le cygne à Apollon[75], on alloue la colombe à Vénus[76], on consacre la chouette à Minerve[77], on répand de la farine pour Cérès[78], on verse du miel pour Mercure[79], une couronne de peuplier entoure les autels d'Hercule[80], des guirlandes de roses décorent le sanctuaire de Cupidon[81]. Les mêmes ne souffrent pas qu'on leur offre un coussin[82] commun, si la nécessité l'exige, mais chaque dieu reçoit ses propres flamines et le présent qui convient à sa condition – si cependant on doit appeler dieux ceux auxquels le pouvoir n'est donné que sur certains animaux qu'il faut leur offrir. Vous fournissez de dignes offrandes, ou plutôt de dignes tourments pour vos erreurs !

20. En vérité, vous invoquez non des dieux secourables, mais des bourreaux très détestables, qui déchirent vos entrailles par des supplices divers. Il est nécessaire en effet qu'il y ait dans votre corps autant de peines établies qu'il y a de dieux, puisque chacun vous force à servir ses caprices. L'un vous entraîne à la guerre, l'autre vous pousse à la débauche. Celui-ci vous exhorte à rechercher les moyens de gagner de l'argent, celui-là vous suggère le désir de faire un festin. Tous commandent, exigent, pressent : aucun n'accorde un temps de repos. Et **[6]** de cette manière, vos sens étant assoupis par une séduction masquée, votre misérable corps, tenu par de nombreux devoirs, s'affaiblit. Il en résulte que vous honorez comme des divinités les causes de vos maux, pendant que par stupidité vous n'avez pas la force de les rejeter. Et certes je vous admire, car alors que vous êtes avides de richesses et dominés par l'avarice, vous êtes généreux en vain envers autant de dieux, surtout lorsqu'ils ordonnent tout ce que vous exécrez. S'ils vous exaucent lorsque vous sacrifiez, vous en retirez des dommages pour votre conscience ; s'ils ne vous exaucent pas, pour vos ressources. Donc, qu'ils soient irrités ou qu'ils soient favorables, ils nuisent toujours. **21.** Ce sont ces Furies, vengeresses des crimes, ce sont ces tourments du Tartare célébrés par les chants de vos poètes qui vous tourmentent comme si vous étiez déjà morts, à cause de votre superstition impie et criminelle et de votre mépris de la vraie religion. En effet, si vous voulez bien regarder plus attentivement vos inquiétudes, vous trouvez que rien de ce qui est rapporté sur les enfers n'a de fondement. Tous les fantômes dont on a imaginé qu'ils s'y trouvaient, c'est vous-mêmes[83]. Ainsi les Euménides sont les pensées très coupables, Tisiphone[84] la mauvaise conscience, l'ombre exsangue[85] vos corps privés de la santé de l'esprit. Les peines infernales, ce sont les insomnies provoquées par les remords de vos fautes continuelles. Tantale est la soif insatiable et toujours brûlante de la cupidité, Cerbère la mauvaise voracité du ventre, auquel, parce qu'une gueule ne lui suffit pas, on a attribué trois bouches[86]. Hydra[87] est l'horreur qui suit le dégoût des vices renaissants, la couronne vipérine[88] l'horrible saleté des actes ignobles[89]. Pluton est l'esprit, directeur ignorant du corps humain, qui, parce qu'il a par trop manqué de biens célestes[90], est condamné à bon droit au séjour de l'enfer. Les dieux que vous honorez sans raison sont bien inconsistants. Ô que vous êtes heureux, vous dont la religion est un crime et la vie un supplice !

3. Première réponse d'Alexandre

Si les choses sont telles que tu les dis, Dindime, seuls les brahmanes, à ce que je vois, font partie du nombre des hommes, et seuls ils semblent dépourvus de substance corporelle, eux que l'on dit exempts de tous les vices, qui n'usent pas des plaisirs accordés par la nature, qui pensent que c'est un crime d'être nés, qui estiment que tout ce que nous faisons est impie, qui jugent fâcheux les bienfaits des dépenses faites pour les mortels eu égard à leurs besoins, qui déclarent criminelle la pratique des divers arts, qui suppriment totalement les droits de vivre. Ou bien ils affirment qu'ils sont des dieux, ou bien ils jalousent Dieu, lui dont ils vitupèrent la plus belle créature. Cela, à mon avis, est à regarder comme de la démence plutôt que de la philosophie.

4. Réponse de Dindime

1. Nous ne sommes pas des habitants de ce monde, mais des étrangers[91]. Nous ne venons pas dans le monde pour qu'il nous plaise de nous y établir, mais pour y passer. Nous nous hâtons en effet vers la demeure de nos pères, sans nous charger du poids d'aucune faute, sans nous attarder dans quelques tentes de séductions ni s'attacher à des tavernes de turpitudes. Nous ne dissimulons rien de déshonorant qui mérite un châtiment[92], nous ne cachons sous nos vêtements aucun vol provoqué par notre cupidité, car nous avançons avec notre conscience à découvert, afin de parcourir aisément et facilement la distance du chemin qui est devant nous.

2. Nous ne disons pas que nous sommes des dieux. Nous ne dénigrons pas par envie, comme tu l'insinues, l'immensité de l'œuvre céleste, mais affirmons que nous ne faisons pas un mauvais usage de la bonté de Dieu. Nous savons que tout n'est pas permis, mais déclarons que tout ne convient pas, et ce que la volonté revendique pour elle-même, nous refusons[93] le plus souvent, par honnêteté, de le permettre. Dieu en effet, le créateur de toutes choses, a formé dans le monde des espèces diverses, car celui-ci n'aurait aucunement pu subsister sans **[7]** leur diversité. Il a permis leur usage, le jugement de l'homme devant faire le discernement. Quiconque s'attache à ce qui est meilleur, en s'abstenant de ce qui est plus mauvais[94], n'est pas, en vérité, lui-même Dieu, mais il devient l'ami de Dieu[95]. Pourquoi donc, je le demande, te semble-t-il qu'en vivant avec tempérance et piété, nous disions être des dieux, ou même être jaloux de Dieu, alors que ce soupçon tombe sur vous de manière plus juste ? Parce qu'une trop grande félicité a fait gonfler votre orgueil, ayant oublié que vous êtes des hommes, vous affirmez que Dieu ne se soucie pas des mortels[96]. C'est pour vous-mêmes que vous fondez des temples, élevez des autels et vous réjouissez d'être appelés pour des sacrifices d'animaux. Cela, il est certain que cela a été fait pour ton père, pour ton aïeul, pour tous tes parents – la construction de pyramides peut-être te le confirme[97].

3. C'est pourquoi je dirai avec plus de vérité que vous êtes des déments qui ignorez ce que vous faites ou, si vous méprisez Dieu sciemment, que vous êtes convaincus d'une faute de sacrilège. Pourquoi donc attribuez-vous à ceux qui voient clair les ténèbres de votre aveuglement et, en les déchirant avec un pareil reproche, ne laissez-vous pas notre esprit donner à vos misères au moins des larmes, qui sont le dernier présent pour ceux qui ont péri ? Vous êtes tout à fait à plaindre : des châtiments vous sont préparés pour vos injures inexpiables à la divinité. De ceux-ci, une preuve très certaine est la juste condamnation de Salmonée, qui pour avoir imité la foudre de la lumière suprême fit l'expérience de ce qu'il imitait[98], ou la sépulture d'Encelade, qui voulut par de violentes entreprises attaquer le ciel de ses mains – il est écrasé sous la masse d'une montagne de feu[99]. C'est par de tels honneurs que sont récompensés ceux qui ne se reconnaissent pas mortels.

5. Réponse d'Alexandre

1. Tu te dis heureux[100], Dindime, parce que la nature a établi votre siège dans une partie du monde dans laquelle il n'y a ni accès pour les étrangers, ni sortie pour les indigènes. Mais alors que vous êtes entravés par les difficultés qui vous sont imposées, parce que vous n'avez pas la force de leur échapper, vous louez en chœur votre patrie et, ce que vous souffrez de votre condamnation, vous vous vantez de l'avoir mérité par votre pratique de la continence. Aussi, à votre avis, il faut dire heureux ceux qui, enchaînés par des liens perpétuels et se desséchant dans la chaleur du jour, mènent une vie de châtiment qui vieillit avec eux. Votre philosophie n'est pas différente de la leur, car pour vous l'usage des biens est interdit, de même qu'à eux on impose des supplices. Ce que chez nous le droit a prescrit pour les criminels, la loi naturelle vous l'a imposé, et les préceptes que vous a donnés l'obligation de votre continence, la prison les a établis pour eux[101]. Il en résulte que ceux que vous appelez philosophes, nous les déclarons coupables.

2. En vérité, il conviendrait davantage que vous pleuriez vos misères et que vous poussiez de profonds soupirs pour de si grands maux. Qu'y a-t-il en effet de plus affligeant, de plus funeste pour un homme auquel la possibilité de vivre librement est refusée ? Quoi que soit ce que le Dieu créateur ait connu à l'avance de votre conduite, il n'a pas voulu le réserver pour les supplices du Tartare après la mort, mais il a établi que vous supporteriez, vivants, le dénuement des morts, que vous appelez du faux nom de philosophie. Aucun motif de louange pourtant ne vous en revient[102]. Il n'y a en effet aucun mérite vertueux à recevoir ce qu'on ne peut changer, et il n'y a pas à estimer glorieux ce que chacun ne s'est pas donné par lui-même. J'affirme donc avec plus de vérité que ce que vous vivez n'est pas du bonheur, mais du châtiment.

3. Si vous le voulez, passons en revue chaque partie de vos doctrines. Tu dis que les brahmanes n'ont pas l'habitude de semer des graines en terre, ni de parer les arbres de vignes[103], ni de vêtir les parties désertes des champs de plantations, ni de construire de beaux édifices. La raison manifeste en est que la nature indignée ne vous a pas procuré le métal qu'est le fer[104], par lequel tout ce que nous avons énuméré est réalisé. Par ailleurs vous ne pouvez pas participer **[8]** au commerce maritime, et c'est pourquoi il vous est nécessaire de mener une vie affreuse, à la manière des bêtes sauvages, en mangeant des herbes et des pousses. Est-ce que les loups ne font pas de même, eux qui, lorsque leur proie ne fournit pas de viande, sont obligés de calmer la rage de leur faim par une nourriture terrestre ? S'il vous était possible d'émigrer dans nos terres, aussitôt la philosophie de votre pénurie ne serait plus requise, mais elle resterait, désertée, dans ses frontières. Et si nous pouvions passer dans vos séjours, nous deviendrions des sages continents. Quel exilé n'est pas aussitôt accompagné par la continence ? Celle-ci, si elle provient d'un choix, est une vertu, si c'est d'un ordre, une punition. Il faut donc tenir pour louable de vivre, non dans la gêne et la pauvreté, mais, avec tempérance, dans la richesse. Du reste, seules la cécité et la pauvreté partagent la gloire des vertus : celle-là parce qu'elle ne voit pas ce qu'elle peut désirer, celle-ci parce qu'elle n'a pas la possibilité de le faire.

4. Le charme de vos femmes, à ce que tu dis, n'est pas augmenté par des parures. J'approuve, car ni l'art ni quelque matière ne peut pourvoir à cette entreprise. Personne chez vous n'est enflammé par le désir d'inceste ou d'adultère. Ce serait chose admirable si vous viviez par un choix personnel, non par nécessité, si la contemplation de la pudicité, et non la vue de la laideur, détournait votre esprit des amours illicites, si une chasteté imposée par des jeûnes obligatoires ne faisait disparaître la preuve d'une (libre) décision de la volonté[105]. Aucun malheur en effet ne peut arriver aux mortels qui soit pire que cela[106], qui d'ordinaire prive les sens humains non du désir du plaisir, mais de sa réalisation – c'est-à-dire qui ne détourne pas l'esprit du crime, mais le corps de l'action, qui n'empêche pas le commandement de celui qui ordonne, mais refuse l'obéissance de celui qui reçoit l'ordre. Reste donc la cause du péché, bien que même en sa présence, même si la possibilité en est offerte, elle ne s'empare pas de vous[107].

5. Vous dites que vous n'avez pas de lois et de jugements, que vous n'étudiez pas les lettres, que vous ne demandez ni ne faites miséricorde. Il apparaît que vous avez tout cela en commun avec les bêtes sauvages, auxquelles, de même que la faculté de sentir leur manque, la volupté de jouir est enlevée[108]. À nous, hommes rationnels, qui ne sommes entravés par la loi d'aucune privation de nourriture, qui sommes incités par notre libre arbitre à bien vivre, de sorte qu'une digne récompense suive une continence volontaire, la nature a donné de nombreux agréments, sur lesquels la plupart du temps la vertu assoupie ferme les yeux[109]. Il est impossible, en effet, que le gouvernement modéré d'un aussi grand univers ne fasse pas succéder des joies aux tristesses, puisque la volonté humaine, dans des circonstances variées, et l'esprit des mortels lui-même font des choses diverses et s'adaptent toujours aux changements des situations en fonction des circonstances. Même les dispositions des âmes se modifient avec les changements du ciel[110] : elles sont brillantes quand le jour est clair, déprimées s'il est couvert de nuages[111]. Les sentiments des hommes eux-mêmes ne semblent pas moins instables que multiples, et ils sont modifiés non seulement par les qualités des choses, mais également par leur âge. De là vient que l'enfance se réjouit de la simplicité, la jeunesse est enthousiasmée par le risque, la vieillesse est ralentie par la faiblesse. Qui demande en effet de la sagesse à un enfant, de la modération à un adolescent, de la mobilité dans un vieillard ?

6. Il existe de nombreuses choses agréables qui se présentent à notre vue, d'autres à notre audition, plusieurs à notre odorat, notre toucher, notre goût ; grâce à elles est adoucie la dureté des peines que provoque le labeur. Et ainsi nous prenons plaisir tantôt à des danses, tantôt à des chants, souvent même nous sommes ragaillardis par la douceur d'une odeur, le goût d'une saveur, la douceur caressante d'un contact. De tout cela, les éléments opposés que l'on considère comme les principes de notre vie nous fournissent la matière. Grâce à leur mélange d'opposés[112], la constitution du genre humain est fondée, et chacun, en donnant satisfaction à ses parties[113] selon ce qui leur revient, nous fournit, comme un serviteur, un secours grâce auquel l'ensemble du corps, sagement agencé, subsiste. Alors que **[9]** les fruits des semences sont fournis par la terre, l'abondance des poissons apportée par la mer, les troupes d'oiseaux procurés par l'air, si tu veux t'abstenir d'en user, tu seras accusé d'orgueil, puisque tu refuses ces dons, ou d'envie[114] parce qu'ils sont offerts par un qui est meilleur que toi[115].

NOTES

Palladios
Les mœurs des brahmanes

1. Le terme « philosophie » désigne ici une manière de vivre, un mode, un style de vie. Chez Jean Chrysostome, un proche de Palladios, il est souvent associé à *politeia*, pour bien marquer le lien entre la philosophie et la conduite (A. M. Malingrey, *Philosophia. Étude d'un groupe de mots dans la littérature grecque*, Paris, 1961, p. 280-281).

2. Les brahmanes sont les *brahmana* du sanskrit. Palladios utilise le terme *Bragmanes*, et Arrien, Strabon, Diodore *Brachmanai*.

3. Ptolémée, VI, 16, 1 : la Serica n'est pas à confondre avec l'Inde, comme semble le faire Palladios. C'est probablement le Turkestan occidental, la Sogdiane (l'Ouzbékistan aujourd'hui), où Alexandre s'est effectivement rendu entre 329 et 327, un pays qui se trouvait sur la route de la soie : Alexandre dit dans sa lettre à Aristote que son but est le pays de la soie (12, Bounoure-Serret, 1992, p. 126). C'est de cette région que, sous Justinien, deux moines apportèrent dans l'Empire byzantin des vers à soie et la technique pour les traiter.

4. Voir la note à I, 7. Palladios emprunte cette localisation des brahmanes à Philostrate, *Vie d'Apollonius de Tyane*, II, 33.

5. Les deux voyageurs n'ont sans doute pas dépassé le *promontorium Indorum* ou *promontorium Aromata* (Ptolémée, I, 17) de la côte somalienne (Berg, 1974, p. 8), généralement identifié au cap Guardafui.

6. L'évêque Moïse n'est pas connu par d'autres sources, et l'on ne peut l'identifier à l'évêque des Saracènes du même nom mentionné par Socrate, *Histoire ecclésiastique*, I, 19, 3-12 : voir Monneret de Villard, 1947 ; le terme « bienheureux » indique qu'il est mort à la date de la lettre. On sait par une lettre d'Athanase que Frumentius, le premier évangélisateur d'Adoulis et d'Axoum, était évêque de ce pays vers 357/358 (Athanase, *Apologie à Constance*, I, 31 : lettre au roi Aïzanas). Le voyage de Palladios ne peut donc être antérieur à cette date.

7. Éphore, *FGrHist.* 70 F 172 = Pline l'Ancien, VI, 199, prétend qu'on ne peut sortir de la mer Rouge *propter ardores*, à cause des grandes chaleurs.

8. *Gen.*, 2, 11. L'identification du Gange au Phison est faite par Flavius Josèphe, *Antiquités judaïques*, I, 1, 3. Elle est classique chez les auteurs chrétiens : Jérôme, *Lettre* 125, 3 ; Cosmas Indicopleustès, *Topographie*, XI, 24. La version B ajoute : « L'histoire d'Alexandre, roi des Macédoniens, le dit aussi ».

9. Il ne reste, en dehors de la présente citation, aucune trace de ce récit (*diègèma*) d'Alexandre, mais son existence est vraisemblable, vu le grand nombre de lettres qui lui sont attribuées. Sa lettre à Aristote fait allusion à une précédente lettre dans laquelle il lui parlait des brahmanes (chez Jules Valère, III, 14). Il est étrange que Palladios, peu avant de joindre à son texte un entretien d'Alexandre et des brahmanes, laisse entendre que celui-ci ne les a jamais rencontrés et n'a eu des renseignements à leur sujet que par des tiers.

10. C'est ce qu'affirment pourtant une lettre attribuée à Cratéros (*FGrHist.* 153 F 2 = Strabon, XV, 1, 35) et Plutarque, *Vie d'Alexandre*, 62, mais que nie Philostrate, *Vie d'Apollonius*, II, 33.

11. Les récits de la conquête d'Alexandre mentionnent qu'à l'instar d'Hercule, qui avait érigé ses colonnes à l'extrémité occidentale du monde, il fit élever sur les rives de l'Hyp(h)asis douze grands autels en forme de tours en l'honneur des douze dieux macédoniens pour marquer les limites orientales de ses conquêtes (Arrien, *Anabase*, V, 29, 1 ; Diodore, XVII, 95, 1 ; Strabon, III, 5, 5 ; Pline l'Ancien, VI, 62). Philostrate, *Vie d'Apollonius*, II, 43, donne en outre le texte d'une inscription dédicatoire sur ces autels ; il mentionne aussi une colonne *de bronze* élevée par Alexandre sur la rive de l'Hyp(h)asis, avec l'inscription « Alexandre est arrivé là ». La *Lettre à Aristote*, 78 (Bounoure-Serret, p. 146), parle de cinq colonnes d'or élevées aux confins de l'Inde. La *Table de Peutinger*, Pars XIV, représente deux colonnes avec *Usquequo Alexander* (« Jusque-là Alexandre »).

12. Voir l'introduction, p. XIII.

13. Adoulis est dans le golfe de Zula, en Érythrée. « Adoulis – c'est ainsi qu'on nomme la ville des Éthiopiens, distante des côtes de deux milles environ, et qui sert de port au peuple des Axoumites » (Cosmas Indicopleustès, *Topographie*, II, 54).

14. Le roi d'Axoum semble pourtant avoir eu à cette époque une certaine importance. Au IIIe siècle, dans ses *Kephalaia* (Schmidt, p. 189-190), Mani le tient pour l'un des quatre grands royaumes de la terre, avec l'Empire romain, la Perse et la Chine. L'*Expositio totius mundi et gentium*, XVII, dit des Axoumites qu'ils sont « tout à fait actifs dans les guerres » (*SC* 124, p. 153). Une inscription d'un roi d'Axoum (dont l'identité et la date sont discutées) connue par Cosmas, *Topographie*, II, 60-63, mentionne l'étendue de ses conquêtes sur les deux rives de la mer Rouge. Il est dit ici roi des Indes, car les pays riverains de la mer Rouge sont alors couramment confondus avec l'Inde. L'*Expositio*, XXXV, fait commencer celle-ci « par-delà les limites » de la Thébaïde. « Vue de l'Empire romain, la région qui s'étend au-delà de l'Égypte devait être pour beaucoup, indifféremment, le pays des Indiens ou celui des Éthiopiens » (F. Thelamon, *Païens*

et chrétiens au IVe siècle. L'apport de l'« Histoire ecclésiastique » de Rufin d'Aquilée, Paris, 1981, p. 50).

15. Taprobane est Ceylan. La description de l'île comporte plusieurs données tirées de Ctésias : la très grande chaleur, l'absence de porcs (Ctésias, *FGrHist.* 688 F 45 (27) = Photius, *Bibliothèque*, 72, 45 b, 46 b), la longévité de ses habitants : « Chez eux, la vie dure cent vingt, cent trente, cent quarante ans et deux cents chez ceux qui vivent le plus vieux » (= Photius, *Bibliothèque* 72, 47a) ; mêmes affirmations, mais qui concernent les Indiens en général, chez Pline l'Ancien, VII, 28 (Macrobes).

16. Les versions latines appelleront cette île « des Bienheureux » – *macrobioi* a été lu comme *makarioi* (version B : p. 211, 13 ; version V : 4, p. 115 Pritchard ; version S : *Patrologia latina* 17, 1169C). Sur la postérité de cette mention de Palladios dans la littérature byzantine (Georges le Moine, la Souda, Cedrenos, Michel Glycas) et au-delà, voir l'Appendice I de Cracco Ruggini, 1965, p. 57-64 (Alexandre et l'île des Bienheureux).

17. Mégasthène, *FGrHist.* 715 F 4 = Diodore, II, 36,1, mentionne aussi l'air pur et l'eau délicieuse de l'Inde.

18. Ptolémée, *Géographie*, VII, 4, 11, compte 1378 îles. Il s'agit des îles Laquedives, un archipel indien dans la mer d'Oman, à 300 kilomètres à l'ouest de la côte du Kérala, comptant une trentaine d'îles entourées de plus de mille récifs coralliens, auxquelles on ajoutera les Maldives, situées dans l'Océan Indien au sud-ouest de Ceylan.

19. Ptolémée, VII, 2, 31 parle des dix îles Maniolai, qui attirent les navires qui ont des clous de fer, ce qui a pour conséquence qu'on assemble les navires avec des chevilles de bois (*RE* XIV/1, 1145-1146). En revanche, Procope, *Guerres*, I, 19, 23-25, nie que les bateaux qui passent dans cette région aient jamais été attirés par les rochers magnétiques ; il ajoute que la technique de construction des bateaux locaux sans clous de fer s'explique parce que le fer n'y était pas connu. Pline l'Ancien, II, 98 parle

de deux montagnes en Inde dont l'une retient, l'autre repousse les clous de fer. Voir R. Hennig, « Ein Zusammenhang zwischen der Magnetberg-Fabel und der Kenntnis des Kompasses », *Archiv für Kulturgeschichte* 20, 1930, p. 350-369 ; « Die Magnetbergsage und ihr naturwissenschaftlicher Hintergrund », *Geographischen Wochenschrift* 3, 1935, p. 583. Sur l'éventuelle postérité du récit de Palladios, voir Cracco, 1965, p. 30, n. 60.

20. Ptolémée, VII, 4, 3-7 et 11 donne leurs noms : Soanas, Phasis, Ganges, Baracus, Azanus. Plusieurs rivières de Ceylan sont larges et profondes et peuvent porter, sur une partie de leur cours, de petits vaisseaux marchands.

21. Selon Mégasthène, *FGrHist.* 715 F 4 = Diodore, II, 35, 3, il y a deux récoltes de fruits chaque année. « Toutes ces îles du sud ont des fruits toute l'année : des bananes, des noix de coco, mais non des dattes, faute de dattiers productifs » (André-Filliozat, 1986, p. 414).

22. Ctésias, *FGrHist.* 688 F 45 (28) = Photius, *Bibliothèque*, 72, 46 b : les noix trois fois plus grandes qu'à Babylone. La grande noix est la noix de coco. La noix épicée est-elle la noix d'arec, très parfumée ? Les traductions latines anciennes y voient la noisette (*corylus*). La version B : « *in eadem insula dactali et nuces grandissimae et corili, id est avellanae* » (p. 211, 29-30, Kübler).

23. Arrien, XVI, 1 dit le contraire : « Les Indiens s'habillent de lin » qui provient d'arbres, en fait de cotonniers. Selon Ctésias, *FGrHist.* 688, F 45 (42) = Photius, *Bibliothèque*, 72, 48a, seuls les plus riches s'habillent ainsi. La version latine S ajoute : « À cause de cela, les marchands viennent des frontières de l'Éthiopie et de la Perse et des régions des Axoumites pour acheter, vendre, échanger » (*Patrologia latina* 17, 1170 A).

24. Diodore de Sicile, III, 8, 5, Strabon, XVII, 2, 3 et Deinon, *FGrHist.* 690 F 22 = Élien, *Personnalité des animaux*, XVII, 10, le disent des brebis d'Éthiopie. Ces brebis sans laine sont des chèvres.

25. Ctésias, *FGrHist.* 688, F 45 (27) = Photius, *Bibliothèque*, 72, 46b ; Élien, *Personnalité des animaux*, III, 3 ; *Excerpta constantiniens sur les animaux*, II, 556.

26. Ctésias, *FGrHist.* 688, F 45 (27) = Photius, *Bibliothèque*, 72, 46b ; Aristote, *Histoire des animaux*, VIII, 28. Beaucoup d'indications de Ctésias, par la suite, ont été indifféremment appliquées à l'Éthiopie et à l'Inde : ainsi Porphyre, *De l'abstinence*, I, 14, 4, dit qu'on ne voit pas de porcs en Éthiopie.

27. Ajouté à bon droit par Desantis, 1992. La mer Rouge s'ouvre sur l'*oceanus Indicus* (Ptolémée). Jérôme, *Lettre* 125, 3 se trompe en disant qu'il faut à partir de là un an de navigation pour atteindre l'Inde et le Gange.

28. Le nom de cette peuplade varie selon les manuscrits : *Bisadônos* ou *Bisadès* A ; *Bithsadôn* P ; *Thèbaidon* ψ ; *Bèdsadôn* Q ; *Bitsadès* P ψ ; *Bidsadès* Q (Desanges 1969, p. 627, n. 6). Mais où se trouvaient les Bisades ? Palladios les place dans le pays du poivre, que Derrett, 1960, p. 77 et Hansen, 1965, p. 379 situent sur la côte du Malabar (au sud-ouest de l'Inde : c'est toujours une région de production de ce condiment). La version latine S situe de même le roi à Muziris (aujourd'hui Kodungallur), sur la côte du Malabar : « Il navigua d'abord dans le golfe Adoulique et vit la ville des Adoulites, bientôt le promontoire Aromata [Ptolémée, *Géographie*, I, 17], puis il entra dans le comptoir des Troglodytes [c'est Adoulis : Pline l'Ancien, VI, 172-173]. De là, il atteignit les régions des Axoumites ; de là, profitant de vents aux souffles favorables pendant plusieurs jours de navigation, il parvint à Muziris, le marché de toute l'Inde en deçà (*citra*) du Gange ; là, affirmait-il, gouvernait un petit roi des Indes » (*Patrologia latina* 17, 1169 CD). En revanche, Desanges, 1969, p. 633-634 pensait qu'il fallait identifier les Bisades aux *Sèsatai* ou *Bèsadai* décrits par Ptolémée, VII, 2, 15 et le *Périple de la mer Érythrée*, 65, qui, comme Palladios, les décrivent courtauds, trapus, avec un visage large. Il les situait entre le Gange et la ville de Thinai, d'où l'on exportait les étoffes sériques, donc dans l'Inde transgangétique, dans les montagnes

au-delà du Gange, à proximité de la Chine. L'avocat, pensait-il, s'était rendu dans le golfe du Bengale, car il n'aurait pu avoir des renseignements sur les brahmanes qui vivaient près du Gange s'il était resté sur la côte du Malabar : il dit en effet qu'il a été informé, lors de son séjour chez eux, sur les « peuples voisins » des Bisades. On peut pourtant se demander si en situant les brahmanes auprès du Gange (I, 17), Palladios ne reproduit pas simplement une donnée de Mégasthène ou d'un autre historien de l'Inde, tel Philostrate, selon lequel les véritables sages « vivent entre l'Hyphase et le Gange » (*Vie d'Apollonius*, II, 33), et si le fleuve auprès duquel vivent les brahmanes dont les Bisades ont parlé à l'avocat thébain (I, 13) n'est pas en réalité l'Indus. Cela s'accorde avec l'endroit où Alexandre a rencontré les brahmanes, selon Onésicrite et Aristobule, c'est-à-dire aux environs de Taxila, dans la vallée de l'Indus, alors qu'il n'a jamais atteint le Gange. Si les Bisades habitaient la côte du Malabar, le pays du poivre, ils pouvaient sans peine être informés sur les brahmanes de la vallée de l'Indus. La variété des noms qui les désignent ne semble pas imposer de les identifier aux *Sésatai*, *Bèsadai* ou *Passalai* de Ptolémée.

29. Contrairement à ce que rapporte l'avocat, le poivre ne vient pas sur de petites souches (*thamnoi*) : le poivrier est un arbuste grimpant, que Cosmas, *Topographie*, XI, 10, décrit comme un arbre « très délicat et faible », qui « s'enroule autour d'un autre arbre ». Il situe la culture du poivre à Taprobane (Ceylan).

30. Les données sur les Bisades ont été utilisées par Jean le Lydien, qui les appelle les *Bessadai*, dans le *De Mensibus*, IV, 14 ; il les attribue à tort à Ctésias : Hansen, « Ein unechtes Ktesiasfragment (*FGrHist.* 588 F 63) », *Helikon* 5, 1965, p. 159-162.

31. Il faut supposer, avec Derrett, 1962, p. 27, un boisseau (7 litres) « par jour ». La version latine S ajoute « *quolibet anno* », chaque année. Selon André-Filliozat 1986, cette donnée est inexacte, car il n'y a pas de blé là où l'avocat prétend avoir séjourné et on n'y panifie pas le riz (p. 415, n. 526).

32. Voir ci-dessus, note 28.

33. Palladios fait une erreur en plaçant à Taprobane le roi des Indiens.

34. Ce supplice connu en Iran ne l'était pas en Inde (André-Filliozat, 1986, p. 415, n. 527).

35. Derrett, 1962, p. 26 met en rapport cette libération avec la campagne de Julien contre la Perse, hypothèse qui semble peu probable à Hansen, 1965 (p. 375-376) et Berghoff, 1967 (p. 8-9). Sur le bon accueil réservé aux Romains par le roi de Taprobane, voir Cosmas Indicopleustès, *Topographie*, XI, 19 (*SC* 197, p. 350-351).

36. Palladios utilise le terme *ethnos*, nation, peuple, groupe, un ensemble de gens agissant ensemble, ayant même nature ou même profession, proche de la notion de caste (Muckensturm, 1993, p. 537). Mégasthène, *FGrHist.* 715 F 19b = Strabon XV, 1, 39, divise la population indienne en sept partis (*meré*), suivi par Diodore, II, 40, 1 et Arrien, *L'Inde*, XI, 1, lequel utilise toutefois le terme *genos*. Pline l'Ancien, VI, 64 dit que « Bragmanes » est le surnom (*cognomen*) de plusieurs tribus (*gentes*) indiennes. Ptolémée, *Géographie*, VII, 1, 74 les appelle des mages.

37. Ce fleuve, selon Palladios, est le Gange, déjà explicitement mentionné au § 1. Voir cependant la note à I, 7. Il ne sera plus mentionné dans la deuxième partie du texte, car le fleuve dont les brahmanes boivent l'eau est le Tibéroboam (II, 4).

38. Les brahmanes ici décrits poussent très loin leur ascétisme en vivant complétement en plein air et en refusant toute construction ; selon le Pseudo-Callisthène, III, 5, 4, ils résidaient dans des cabanes ou des grottes.

39. Hérodote, *Histoires*, III, 10 connaissait déjà des Indiens « qui ne tuent rien qui soit vivant, ne sèment rien, n'ont pas coutume d'avoir des maisons, se nourrissent d'herbages et ont

une graine légumineuse de la grosseur d'un grain de millet [...] [dont] ils se nourrissent ».

40. Une remarque ajoutée par un chrétien, sans doute Palladios : les non-chrétiens ne peuvent avoir qu'une connaissance imparfaite des *logoi* (desseins, raisons) de la Providence ; dans la lettre à Lausos qui précède l'*Histoire lausiaque*, 1, il les appelle *tous elattômenous en gnôsei*, ceux qui sont inférieurs dans la connaissance. Voir introduction, p. XLIII. La traduction latine S déclare à l'inverse : « Ils honorent Dieu : ils déclarent qu'ils en ont une connaissance véritable et qu'ils reconnaissent toute la raison de sa providence et de sa divinité » (*Patrologia latina* 17, 1171A).

41. Porphyre, *De l'abstinence*, IV, 19, d'après Bardesane (*FGrHist.* 719 F 2) : « Ils ont réservé la plus grande partie du jour et de la nuit pour le chant d'hymnes aux dieux et pour la prière ». L'adverbe « continuellement » retenu par Palladios est celui utilisé par Paul : 1 Thess. 5, 17.

42. Solin, *Recueil de curiosités* : « Du lever au coucher du soleil, ils regardent fixement le disque de l'astre éclatant, cherchant des secrets dans le globe de feu » (André-Filliozat, 1986, p. 150).

43. Arrien, *Anabase*, XI, 8 : « des fruits et l'écorce des arbres ».

44. La version S ajoute : « à la manière des animaux », expression que l'on retrouve, avec une visée péjorative, dans la *Collatio*, 5, 3.

45. Clément d'Alexandrie, *Stromates*, I, 71, 5 précise : « [Ils] boivent de l'eau dans le creux de leur main ».

46. La donnée vient certainement de Pline l'Ancien, XIII, 63, qui mentionne à la fois le *persea* et un arbre épineux, la *spina negra*, dans lequel il faut reconnaître l'*akantha arabica* de Dioscoride, *Sur la matière médicale*, 3, 13 et 16 ou l'*akantha* de Théophraste, *Sur les plantes*, IV, 2, 8, qui est une variété d'acacia

produisant la gomme arabique. Théophraste, *Recherches sur les plantes*, III, 3, 5 mentionne le *persea* et en donne une description en IV, 2, 5 ; Dioscoride, *ibid.*, 1, 129, le cite aussi comme un arbre d'Égypte qui produit des fruits comestibles. Ernout traduit *persea* par sébestier, un arbre qui produit des sébestes, un fruit semblable à la prune, mais cette identification est contestée par S. Amigues, note à son éd. de Théophraste, p. 205-208 : il doit être identifié au *Mimusops schimperi* (voir aussi « Sur le perséa d'Égypte », dans *Hommages à F. Daumas*, p. 25-31, et *LSJ*). Parmi les arbres appartenant au genre *persea*, l'avocatier est un des plus connus. La version S a interprété différemment le *perséikon xylon* : « Il y a chez eux en quantité une herbe que nous appelons *inula*, comme les Perses » ; l'inule ou aunée est une racine comestible, d'une saveur aromatique (Pline, XIX, 91).

47. S'il s'agit plutôt de l'Indus, comme il est vraisemblable, cela signifie que les femmes résidaient sur la rive gauche du fleuve, du côté de l'Inde, les hommes étant sur la rive droite, une région bordée à l'ouest par l'Océan.

48. Les brahmanes pouvaient se marier après 37 ans d'abstinence (Mégasthène, *FGrHist.* 715 F 33 = Strabon, XV, 1, 59), mais ce n'était pas le cas des Sarmanes, qui n'avaient pas de femmes ; Strabon, XV, 1, 70 connaît une catégorie de brahmanes, les Pramnes, « des philosophes qui se distinguent des brahmanes », qui vivent avec des femmes, mais sans avoir de rapports, ce qui suscite une grande admiration.

49. Une donnée évidemment fausse, car les mois d'été, où a lieu la mousson, sont dans cette région les plus chauds de l'année. La remarque sur le soleil élevé au nord « chez nous », à l'inverse de ce qui serait le cas en Inde, indique que Palladios situe celle-ci dans l'hémisphère austral. En réalité, aucune partie de l'Inde ne se trouve au sud de l'équateur.

50. J'adopte pour *antisôma* la traduction de Bysshe, 1565, un nombre égal : « *sed aequalem semetipsis numerum* (*antisôma*) *substituentes* » (p. 9). La version A : « *singulis enim filiis in locum*

proprium substitutis » ; la version S : « *singulis enim filiis in locum patrum constitutis* ». Les relations sexuelles ne sont donc autorisées que pour perpétuer l'espèce, et en nombre égal – deux enfants pour un couple. Dandamis, dans une lettre à Alexandre, affirme : « Ce n'est pas le plaisir qui nous pousse à l'union, mais l'amour des enfants » (*Collatio*, 2, 7).

51. Littéralement : le « tyran denté » (*Odontotyrannos*). Goossens, 1927, rappelle les nombreuses hypothèses sur cet animal, où l'on a vu un hippopotame, un mammouth, un serpent de mer, un crocodile. Il rapproche le texte de Palladios d'un texte d'Élien, *Personnalité des animaux*, V, 3, qui décrit le ver de l'Indus, et montre que cet animal a des traits empruntés à trois espèces différentes d'animaux aquatiques – le crocodile, le dauphin indien, le python. Il remarque, d'autre part, que le mot grec *odontotyrannos* est la traduction du mot sanscrit *dvijaraja*, qui signifie « roi des serpents », dénomination générique pour les monstres redoutables que les Indiens croyaient présents dans les fleuves. Une peinture d'un album conservé au musée Guimet représente un roi des serpents dont la gueule est garnie d'une double rangée de dents pointues. Mégasthène, *FGrHist.* 715 F 22 (14) = Pline, VIII, 14, parle de serpents d'une taille assez grande pour avaler des cerfs et des taureaux tout entiers. La *Lettre d'Alexandre à Aristote*, 28, décrit le tyran denté comme « une bête d'une espèce encore inconnue, plus grosse qu'un éléphant, armée de trois cornes sur le front [...] et portant une tête de couleur noire ressemblant à celle d'un cheval ». André-Filliozat, 1986, proposent de voir dans cet animal un éléphant chargeant, qui fait front avec sa trompe roulée entre ses deux défenses (p. 390, n. 325).

52. Litt. : « un éléphant tout entier et intact (*akeraion*) ».

53. Onésicrite, *FGrHist.* 134 F 22 = Strabon, XV, 1, 22, parle de serpents de 80 et de 140 coudées (35 et 62 mètres), Néarque de serpents de 16 coudées (7 mètres), mais Aristobule, *FGrHist.* 139 F 38 = Strabon, XV, 1, 45, dit n'en avoir jamais vu de semblables. Le plus grand serpent de l'Inde, le python,

atteint seulement 10 mètres. « J'ai vu » est mis dans la bouche de l'avocat, non de Palladios.

54. Une palme = 7, 4 cm. Hérodote les dit plus grandes encore : « des fourmis de moins grande taille que des chiens, mais plus grandes que des renards » (III, 102).

55. Une coudée = 44, 4 cm. Mégasthène, *FGrHist.* 715 F 21c = Élien, *Personnalité des animaux*, XVI, 41, parlent de très grands scorpions ailés. L'ensemble de ces données sur les animaux provient de Néarque, Aristobule, Mégasthène.

56. Le terme *andreia* (valeur) comme titre dans les formules de politesse se rencontre du IIIe au VIe siècle ; *kalokagathia* (excellence) au IVe siècle seulement : H. Zilliacus, *Untersuchungen zu den abstrakten Anredeformen und Höflichkeitstiteln im Griechischen*, Helsingfors, 1949, p. 45-49, 70.

57. La version V : « J'ai pris cela, que j'avais lu dans l'histoire d'un certain Arrien – de cet Arrien qui fut le disciple d'Épictète – et te le transmets, ajouté à mon mémoire ». La version B : « L'histoire d'Arrien, que j'avais lue, raconte cela et je te l'envoie dans cette lettre ». La version S : « Voilà ce que Moïse affirme avoir entendu de l'avocat de Thèbes au sujet des brahmanes ; j'ajouterai maintenant ce que j'ai lu des histoires de la vie d'Alexandre et ce que j'ai tiré de plusieurs auteurs sur leurs actions » (*Patrologia latina* 17, 1172 A). Voir l'introduction, p. XIII.

58. Sur Dandamis, voir l'introduction, p. XVIII, note 36.

59. Arrien, *Anabase*, III, 3, 2 (« lui-même rapportait son origine à Ammon ») ; IV, 9, 9 ; VII, 8, 3. Cette prétention lui fut reprochée lors d'une conjuration à la suite de laquelle il fit périr le philosophe Callisthène, qui avait refusé la proskynèse (Arrien, III, 4). Sur cette prétention d'Alexandre, voir Lüschen, 2013, p. 68-70. À l'époque de Justinien, il existait encore en Égypte des temples consacrés à Ammon et Alexandre (Procope de Césarée, *Constructions de Justinien*, VI, 2, 16).

60. Inconséquence du rédacteur : Dandamis fait un résumé de la carrière d'Alexandre comme si elle était terminée (il est mort à Babylone deux ans après son retour d'Inde).

61. Les trois versions latines ont traduit ce passage : *virtutum omnium caput* ; Desantis traduit *pasôn* par « de l'univers ».

62. Berg, 1970, p. 279, note dans cette prière d'Alexandre des rapprochements avec des textes gnostiques valentiniens, mais il n'est pas nécessaire de voir dans la Sagesse un des trente éons du plérome gnostique, comme le fait Oliver, 1990, p. 58. On trouve des formules semblables chez les chrétiens orthodoxes, ainsi chez Origène, *Commentaire sur Jean*, I, 19, 110 : « Le Christ est *démiurge* en tant qu'il est *sagesse* » (*SC* 120, p. 119).

63. Sur Calanos, voir l'introduction, p. XXII, note 54. Sa présence sur les lieux de la rencontre – attestée par Mégasthène, *FGrHist.* 715 F 34ab = Strabon, XV, 1, 68, Arrien, VII, 1, 2-4 et Onésicrite, *FGrHist.* 134 F 17 = Strabon, XV, 1, 63-65 – n'est plus mentionnée dans la suite du texte, où il est blâmé pour avoir quitté son mode de vie.

64. Ces Indiens sont-ils les esclaves des brahmanes mentionnés en II, 44 ?

65. Les versions latines : « nous accueillons favorablement une telle intention ».

66. Les brahmanes se disent de même calomniés et défendent leur mode de vie dans une lettre adressée à Alexandre avant son arrivée dans la région où ils vivent ; cette lettre est rapportée par l'*Epitoma*, 72-74, éd. Thomas, p. 23-25.

67. Au lieu de *ap'arétès*, je retiens avec Hansen, 1965, p. 369 l'*aparaitètôs* de Q, que les versions latines V et S traduisent par *sine aliqua sui excusatione*. Si l'on retient *ap'arétès*, on traduira : « il a quitté la vertu pour la richesse » – mais le concept de vertu

ne joue aucun rôle dans l'écrit (un seul usage en II, 28, et qui ne se trouvait pas dans le papyrus).

68. Le nom du fleuve se présente sous des formes diverses dans les manuscrits. Hansen, 1965, p. 370, en se basant sur Hippolyte, *Élenchos*, I, 24, 2 (« ils boivent l'eau du fleuve Tagabena ») propose de retenir ce nom, dont on trouve une forme proche dans la version latine B : Tababenus) ; il estime que la forme Tibéroboam est une déformation d'Erannoboas, un des grands fleuves de l'Inde selon Mégasthène (*FGrHist.* 715 F 9a et 18a = Arrien, *L'Inde*, 4, 3 et 10, 5, Strabon, XV, 1, 36), affluent du Gange, celui que Pline l'Ancien, VI, 65 appelle l'Erannombovas. Stoneman, 1995, p. 107, n. 52, mentionne le fleuve que Pline appelle Tomberus (VI, 97), proche apparemment des bouches de l'Indus, ce qui s'accorderait mieux avec la localisation des brahmanes dans la vallée de ce fleuve. Sir John Marshall, qui a fouillé Taxila, pense que ce nom est un rappel du Tamranala, la rivière qui passe dans cette ville (cité par Stoneman, 2012, p. 120). Voir aussi les notes à II, 15.

69. Selon Porphyre, *De l'abstinence*, IV, 17, 4, les brahmanes se nourrissent « de fruits et de lait de vache caillé au moyen d'herbes », une sorte de yoghourt. Cependant, en II, 45, Dandamis critique les Grecs parce qu'ils consomment le lait des animaux.

70. Mégasthène, *FGrHist.* 715 F 34a = Strabon, XV, 1, 68 l'accuse d'être un homme intempérant et l'esclave de la table d'Alexandre.

71. Critique indirecte de Calanos et de son suicide par le feu ?

72. Dans le dialogue que rapporte Onésicrite, Mandanis voulait aussi montrer que « le meilleur enseignement est celui qui libère l'âme du plaisir et de la douleur », qu'« il y a une différence entre la douleur et la fatigue » ; celle-ci, qui permet au corps de s'entraîner, « fortifie la raison, grâce à laquelle on met fin aux discordes » (Onésicrite, *FGrHist.* 134 F 17 = Strabon X, 1, 65).

73. Double variante : les manuscrits ont à la fois *trophè* et *zôè* ; le latin a retenu *trophè*, alors que le manuscrit A l'a supprimé.

74. Passage proche dans le *Dialogue sur la vie de Jean Chrysostome*, IV, 122-124 (*SC* 341, p. 98). Voir l'introduction, p. XV.

75. Versions latines : « Considère combien de tyrans règnent (ou se cachent) dans les cœurs des sots ».

76. Même liste chez Hippolyte, *Élenchos*, I, 24, 5-6. Ce sont les sept parties de l'*hègémonikon* stoïcien, qui émanent de la huitième partie de l'âme, la partie maîtresse, la partie rationnelle qui les dirige : les cinq sens, la voix et la partie génératrice (*Stoicorum Veterum Fragmenta*, II, 458, 460, 826, 837, etc.).

77. Versions latines : « Nous désirons la vie du siècle à venir ».

78. C'est la règle du silence. Les philosophes qui rencontrent l'armée d'Alexandre ne parlent que lorsqu'ils sont interrogés, et uniquement sur des sujets philosophiques.

79. Même revendication dans une lettre des brahmanes à Alexandre : « Nous ne ressemblons pas aux philosophes grecs qui ne valent qu'en paroles : chez nous les paroles méritent d'être exécutées et le résultat ressemble aux paroles » (*Epitoma*, 74). Même déclaration dans la lettre de Calanos à Alexandre citée par Philon, *Quod omnis probus liber*, 96 (p. 213). Ambroise cite ce passage (*Lettre* VII, 35, *Corpus Scriptorum Ecclesiasticorum Latinorum* 81, p. 61).

80. Au lieu de cette phrase, les versions latines écrivent : « Vous recevez par vous-mêmes [S : de tous] une mutuelle récompense ».

81. L'expression est celle de la Bible (*Gen.*, 1, 26).

82. Le Gange était censé contenir de l'or. Le verbe *pateô* (fouler aux pieds) a ici le double sens de « marcher sur » et de « mépriser ».

83. Mégasthène, *FGrHist.* 715 F 34b = Arrien, *Anabase*, VII, 2, 3, rapporte que les autres brahmanes vitupéraient Calanos, « qui après avoir abandonné le bonheur (*eudaimonia*) auprès d'eux, honorait un autre maître ou Dieu ».

84. La phrase entre crochets se trouve seulement dans le ms. Q.

85. Versions latines : « ni espérer cette gloire qui est promise dans le siècle à venir ».

86. Le paragraphe 12 est omis par les versions latines.

87. Je lis *toutou* avec Derrett, 1960 (et non *toutôn*).

88. Onésicrite, *FGrHist.* 134 F 17 ab = Strabon, XV, 1, 63-65 et Plutarque, *Alexandre*, 65, 1-4) relatent la visite à Dandamis et l'entretien qu'il eut avec lui, est ici devenu Onésicrate, et il ne joue qu'un rôle de messager.

89. Le texte s'inspire ici de Mégasthène (*FGrHist.* 715 F 34b = Arrien, VII, 2, 2-4), selon lequel Dandamis refusa de rejoindre lui-même Alexandre ou de permettre à l'un de ses disciples de le faire, lui dénia la qualité de fils de Dieu, l'admonesta sur ses conquêtes, déclara n'avoir pas besoin de ses dons et ne pas craindre la mort. « Le plus âgé des sophistes [...], appelé Dandamis, dit à Alexandre qu'il n'irait pas auprès de lui et ne permettrait pas aux autres de le faire, qu'il était fils de Zeus aussi bien qu'Alexandre et qu'ils n'avaient pas besoin de dons de sa part, car ils avaient ce qui leur convenait. Il disait encore que ceux qui avaient franchi avec lui tant de terre et de mer ne le faisaient pour rien de bon et qu'il n'y avait pas de terme à leurs multiples errances ; qu'il ne désirait rien de ce qu'Alexandre était à même de lui donner [...] car suffisaient à sa vie les fruits de la terre des Indes, et une fois mort il serait libéré de son pesant compagnon le corps » (*Anabase*,

VII, 2, 2-4). Voir de même Strabon, XV, 1, 68. Arrien ajoute qu'Alexandre ne voulut pas forcer Dandamis, car « il savait que l'homme était libre », mais il n'évoque aucun autre dialogue entre eux : c'est seulement avec Calanos qu'Alexandre eut un entretien, lors duquel il le convainquit de le suivre en Perse.

90. Hippolyte dit que les brahmanes désignaient Dieu comme lumière (*Élenchos*, I, 24, 2, p. 86, Marcovich ; l'apparat critique signale plusieurs rapprochements avec des textes indiens).

91. Voir, ci-dessus, p. 53, note à I, 4.

92. Mégasthène *FGrHist.* 715 F 9 = Arrien, *L'Inde*, IV, 3, citent le fleuve Kossoanos ; Pline l'Ancien, VI, 65 l'appelle le Casuagus.

93. Arrien, *L'Inde*, III, 4 ; Strabon, XV, 1, 36 ; Ptolémée, VII, 1, 73 ; Pline, VI, 69 parlent de la très riche ville de Pali(m)bothra et du pays des Pali(m)bothriens ; L. Renou, *La Géographie de Ptolémée. L'Inde* (VII, 1-4), Paris, 1925, p. 85 : Palipothra, au confluent du Gange et de l'Erannoboas, près de la ville actuelle de Patna, est Pataliputra.

94. Hansen, 1965, p. 270, voit dans Zonenadé une déformation du Komminases d'Arrien, *L'Inde*, IV, 4. Desantis, 1992, p. 65, n. 60, pense plutôt à une déformation du Sonos d'Arrien, *L'Inde*, IV, 3 ou du Sonus de Pline, VI, 65.

95. La Mésopotamie désigne la région située entre le Yamuna et le Gange. Desantis, 1992, p. 65, corrige *dromon* en *drumon* et lit « la forêt de Mésopotamie ». Les manuscrits ont tous *hèliou*, supprimé par les éditeurs, ce qui donne, si on le conserve, « la course du soleil de Mésopotamie ». La version V : « *non in medio orbis cursum solis aspexit* – il n'a pas vu la course du soleil au milieu de l'univers » (Pritchard, 1993, p. 123), la version S : « *non in medii orbis via cursum solis aspexit* » (*Patrologia latina* 17, 1175 A).

96. Mégasthène, *FGrHist.* 715 F 13 = Arrien, *L'Inde*, VII, 5, citent les deux grandes villes de Méthora et de Kleisobora, dont Pline rapporte qu'elles sont situées sur le Gange ; un de ses affluents, le Iomanès (Yamuna), se jette dans celui-ci entre ces deux villes ; il appelle la deuxième ville Chrysobora (VI, 69).

97. Il s'agit ici non de la province romaine, mais de la région au nord et à l'est de la mer Caspienne, les Scythes représentant alors les plus lointains parmi les peuples connus.

98. Berghoff, 1967, n'a pas retenu le *ou* que requiert le sens (il se trouve chez Bysshe, 1569, et Derrett, 1960).

99. Dans le Pseudo-Callisthène, III, 6, 12, Alexandre promet aux brahmanes de leur donner ce qu'ils désirent, mais il ne peut répondre à leur demande, car ils lui ont répondu à grands cris : « Donne-nous l'immortalité ! ».

100. Arrien, *Anabase*, VII, 2, 4, rapporte une réponse semblable de Dandamis à Alexandre, après qu'il lui a expliqué qu'il ne désire rien de ce qu'il pourrait lui donner : « De son vivant, le pays de l'Inde lui fournit tout ce dont il a besoin, des fruits en toute saison. À sa mort, il sera simplement libéré d'un compagnon importun, le corps ». Selon Hippolyte, *Élenchos*, 24, 1, 2, les brahmanes disaient que le corps a été donné à l'âme par Dieu comme un vêtement. Bruseker, 1970, p. 41, voit dans ce passage « un sommaire de la position de renoncement au monde et de la doctrine de la *moksa* ». Ce texte n'exprime toutefois que le terme de celle-ci – la délivrance ultime qui met fin au cycle des renaissances.

101. Voir de même II, 39 et Palladios, *Histoire lausiaque*, 47, 6. Ce sont toutefois « ceux qui donnent l'impression d'aller à la recherche de la vertu mais ont un but pervers » que « Dieu, pour leur bien, abandonne à la chute afin qu'ils se corrigent ».

102. Dans une lettre à Alexandre, les brahmanes récusent tout usage de la violence contre eux : « Tu pourras déplacer nos corps, mais tu n'emmèneras pas nos âmes ni ne nous contraindras par

la force la plus grande à faire quelque chose contre notre gré » (*Epitoma*, 72, p. 23 ; cité par Clément d'Alexandrie, *Stromates*, IV, 50, 1). Même phrase dans la lettre de Calanos reproduite par Philon, *Quod omnis probus liber*, 96 (p. 213). Le philosophe cynique Secundus répond de même à Hadrien, qui menace de lui couper la tête s'il ne répond pas à ses questions, qu'« il n'a pas sur lui d'autre pouvoir que la mort » (*Life of Secundus the Silent Philosopher*, éd. d'E. B. Perry, Ithaca, 1964, p. 74, 17-18).

103. Même réponse d'un des brahmanes chez Aristobule, *FGrHist.* 139 F 41 = Strabon, XV, 1, 61.

104. À l'inverse du récit d'Onésicrite, dans lequel Dandamis félicite Alexandre d'être un roi philosophe (voir introduction, p. XXV), l'entretien commence ici par une critique de sa conduite.

105. Onésicrite, *FGrHist.* 134 F 17a = Strabon, XV, 1, 64 fait dire à Dandamis : « Je loue Alexandre, car en administrant un si grand état il désire la sagesse ; c'est le seul philosophe en armes que j'aie vu ». Le thème d'Alexandre philosophe sera largement développé par Plutarque, *Vie d'Alexandre*, 14, 2-3 ; *Sur la fortune d'Alexandre*, I, 4-10.

106. Même dénonciation de la guerre par Antisthène : « Il y a des tyrans qui tuent des foules et plus souvent encore réduisent des cités complètes en esclavage par amour de la richesse » (Xénophon, *Banquet*, IV, 36 – cité par Muckensturm, 1993, p. 232).

107. L'affirmation ne se trouve pas dans le texte, mais c'est un lieu commun de l'historiographie d'Alexandre. Voir Quinte-Curce, *Histoires*, VII, 8, 12-30.

108. Lors d'une autre rencontre, les brahmanes s'étaient livrés à une action symbolique – en frappant le sol de leurs pieds ; pour expliquer leur geste, ils avaient dit à Alexandre : « Ce peu de terre que nous foulons, voilà tout ce qu'un homme en peut occuper [...]. Lorsque tu mourras – et ce moment est proche –, tu n'occuperas que l'espace nécessaire à ta sépulture » (Arrien, *Anabase*, VII, 1, 5-6).

109. C'est à partir d'ici que le *Pap. Genev. inv.* 271 offre le texte repris par Palladios (Martin, 1959, p. 83).

110. Hansen, 1965, p. 370, supprime ici le terme *hèdeôs* « agréablement », présent dans les manuscrits, qu'il juge dépourvu de sens. Il est absent du papyrus, mais les versions latines V et S l'ont conservé : « tu auras de grandes richesses avec plaisir (*habebis maximas cum voluptate opes*) ».

111. Porphyre, *De l'abstinence*, II, 50,1 utilise la même expression à propos du prêtre qui offre un sacrifice : « Tolérera-t-il d'être lui-même un tombeau contenant des cadavres ? ».

112. *Thambeiste* avec accusatif est sans exemple ; Hansen, 1965, p. 355, propose de lire *thaumazete.*

113. Les brahmanes ont des dons prophétiques : « (Onésicrite) disait qu'ils (les brahmanes) faisaient des recherches sur beaucoup de phénomènes naturels : événements prémonitoires, pluies, sécheresses, maladies » (Onésicrite, *FGrHist.* 134 F 17 = Strabon, XV, 1, 65). Cette connaissance à l'avance de ce qui va arriver faisait d'eux des devins que l'on venait consulter. « Ces gens-là sont les seuls à savoir la mantique, et il n'est pas permis à un autre qu'un sophiste de prédire l'avenir. Ils font des prévisions sur les saisons de l'année – ou si quelque malheur public est imminent » (Arrien, *L'Inde*, XI, 4-5).

114. Le papyrus porte « comme à un ami ». Desantis, 1992, p. 69, n. 69, pense que dans la *Versio Ornatior*, Palladios l'a changé en « comme à un messager de Dieu », mais comme le remarque Hansen, 1965, p. 355, cela ne donne pas au texte une tonalité chrétienne, car Épictète écrit : « Il faut que le cynique sache qu'il a été envoyé aux hommes *comme un messager* de Zeus pour leur montrer les erreurs qu'ils commettent au sujet des biens et des maux » (*Entretiens*, III, 22, 23).

115. Le brahmane est ici montré dans son rôle politique de conseiller des rois. « Les brahmanes participent à la vie publique

et accompagnent les rois comme conseillers » (Néarque, *FGrHist.* 133 F 23 = Strabon, XV, 1, 66).

116. Les premières lignes de ce paragraphe, brève présentation de l'idéal d'un souverain pacifique et bienfaiteur, opposé à l'image du tyran qui guerroie et détruit, ont été ajoutées au papyrus par un de ses relecteurs.

117. Thème évagrien. Voir l'introduction, p. XLIII.

118. *Pap. Genev.*, col. II, 18, écrit : « l'âme est éprouvée dans la solitude ».

119. Le rédacteur chrétien a complétement changé le texte du papyrus de Genève, qui porte : « Pourquoi détestes-tu te regarder toi-même ? Tu regardes avec plus de plaisir une laine étrangère à ton propre corps. Si tu ne choisis pas notre vie, je le sais, tu n'es pas heureux ainsi » (col. III, 19-22). Cela ne s'accordait pas avec la honte de voir son propre corps, souvent mentionnée dans les anecdotes sur les moines.

120. L'« éther » désigne le ciel (Homère, *Iliade*, 412 ; Hésiode, *Les Travaux et les Jours*, 18). À partir du *Phédon* de Platon, l'éther, séjour des dieux astres, désigne l'espace entre l'air et le ciel des fixes (région du feu). Ovide, *Métamorphoses*, I, 67-68 : « Au-dessus des vents, le dieu plaça, fluide, impondérable, l'éther, dépouillé de toute impureté terrestre ».

121. Les hypaspistes constituaient la garde personnelle d'Alexandre, un corps d'élite, placé dans les batailles à des emplacements stratégiques ou utilisé pour des coups de main.

122. Dans la relation du Pseudo-Callisthène, III, 6, 13-14, Alexandre dit qu'il ne peut mettre un terme à ses combats, car « le maître de ma pensée ne me le permet pas », et il invoque un décret de la Providence céleste qui fait « que nous soyons les esclaves et les serviteurs des ordres divins » ; il ajoute que son action, qui prive les uns de leurs biens mais permet à d'autres de s'en emparer, est

finalement bénéfique, « car tous reçoivent les biens de tous pour les céder à d'autres, et rien n'est à personne » (III, 6, 16).

123. Versions latines : « et d'avoir libéré un moment mes sentiments des conflits et des combats ».

124. Le Pseudo-Callisthène, III, 6, 16 mentionne aussi ces cadeaux – « de l'or, du pain, du vin et de l'huile » ; la réponse de Dandamis : « Ces cadeaux sont sans utilité pour nous, mais pour ne pas paraître dédaigneux, nous prendrons l'huile » ; il connaît aussi l'usage sacrificiel qu'il fait de l'huile.

125. Q ajoute : « Ces choses-là ne sont rien pour moi ».

126. La réponse de Dandamis et son refus d'accepter des dons s'accordent avec la conception de l'*autarkeia* (le fait de se suffire à soi-même) défendue par les Cyniques : autosuffisance physique, celle qui concerne les réalités matérielles de la vie, et spirituelle, détachement complet du monde et de ses valeurs.

127. Dandamis se conforme à la pratique des brahmanes, qui acceptaient seulement l'huile comme présent. Selon Onésicrite, c'était pour s'oindre les mains et se purifier ainsi de tout contact impur (*FGrHist.* 134 F 17 = Strabon, XV, 1, 65). Ici Dandamis l'utilise pour une libation sacrificielle.

128. C'est le seul passage du texte qui montre Dandamis exerçant une fonction sacerdotale, qui était l'apanage de la première des sept classes de la société indienne, selon Mégasthène, *FGrHist.* 715 F 33 = Strabon, XV, 39. À eux recourent « ceux qui célébraient en privé sacrifices ou cérémonies d'expiation ». Le *Pap. Genev.*, col. IV, 12-15, mentionne l'usage fait de l'huile et l'hymne d'action de grâces qui l'accompagne, mais il ne donne pas le texte de celui-ci, qui sonne comme une prière chrétienne.

129. Les versions latines ont retenu cette seule phrase de la prière de Dandamis.

130. Idées semblables en II, 17 ; voir l'introduction, p. XXIII.

131. Alors que dans la première diatribe Dandamis parlait au singulier, opposant sa propre conduite à celle d'Alexandre (moi Dandamis, toi Alexandre), il passe maintenant à l'opposition entre « nous », les brahmanes, et « vous », les Grecs, ou plutôt la société de l'Empire romain et ses excès, les jeux sanglants du cirque, le luxe des demeures, les banquets et beuveries, opposition que l'on retrouvera dans la *Collatio*. « La peinture de la société faite par Dandamis me suggère que ce discours a été écrit à l'époque de Juvénal et de Pétrone, ou plus tard » (Berg, 1970, p. 273). Hansen, 1965, p. 369, remarque que la polémique contre les jeux du cirque est un thème romain du temps des empereurs, que l'on rencontre chez Sénèque et Plutarque.

132. Ce reproche adressé à Calanos ne se trouve qu'ici. Dans le *Pap. Genev.*, col. IV, 23-25, Calanos est seulement blâmé d'être allé chez les Grecs contre la coutume (des brahmanes), en quittant les Indes. Il a été ajouté par un des relecteurs du texte pour compléter une phrase dans laquelle il a lu *idôn* au lieu de *Indôn* (Hansen, 1965, p. 371).

133. Critique implicite de Calanos et de son suicide par le feu ? Certains brahmanes réprouvaient le suicide et le tenaient pour une faute punie dans l'au-delà. On remarquera l'inconséquence du rédacteur, qui semble considérer que Calanos est mort, alors que son suicide n'eut lieu que lors de son retour en Perse avec Alexandre (Arrien, *Anabase*, VII, 3, 1-6).

134. Peu auparavant, l'armée d'Alexandre avait attaqué une ville des brahmanes où les Malliens s'étaient enfermés (Arrien, *Anabase*, VI, 7, 4) ; Alexandre avait aussi fait tuer les brahmanes qui avaient soulevé une autre ville (*ibid.*, VI, 16, 5). Plutarque, *Vie d'Alexandre*, 64, 1, rapporte qu'ils avaient été les principaux instigateurs de la révolte de Sabbas et qu'ils avaient causé beaucoup de maux aux Macédoniens.

135. Versions latines : « Nous condamnons la vaine gloire, ce que les sots ne peuvent pas faire ».

136. Un trait platonicien.

137. Versions latines : « de peur que les discours des autres hommes ne réussissent à nous séparer de telles habitudes ».

138. Versions latines : V : « et qui ne désire pas une gloire qui est commune à tous » ; S : « et qui ne désire pas une gloire étrangère ».

139. J'adopte la correction de Desantis, 1992 : *amuttontos* et non *amèttontos*. Versions latines : « Car vous êtes les serviteurs de vos âmes qui désirent tout. Car si vous désirez avoir plusieurs vêtements, vous possédez quelques troupeaux de brebis, quelques (esclaves) qui tondent les brebis, quelques ouvriers par lesquels ils sont tissés ».

140. Litt. : la force est leur amie.

141. Les versions latines ajoutent « des oiseaux » (*in aere volitantium*). Les riches Romains se procuraient des oiseaux exotiques pour leurs banquets – faisans, paons, autruches, pintades (J. André, *L'alimentation et la cuisine à Rome*, Paris, 1981, p. 130-132).

142. *Gen.*, 2, 7 ; *Psaume* 118 (LXX), 73 : « Tes mains m'ont façonné ».

143. Tertullien adresse le même reproche aux païens en *Apologétique*, IX, 11 : « C'est un homme qui se gorge de la chair nourrie d'un homme ».

144. Les versions latines V et S ajoutent : « Ensuite, à cause de cela, nous élevons nos yeux et nos mains vers les rayons du soleil, comme pour faire un sacrifice ».

145. La castration n'a pas été interdite à Rome avant Domitien ; Nerva et Hadrien renouvelèrent cette interdiction, qui ne fit pourtant pas cesser cette pratique, encore interdite par Constantin (*Dictionnaire des antiquités grecques et romaines*, art. « Castratio », p. 959).

146. Kammermeister, 1569, a traduit : « Il ne nous sert de rien d'avoir pitié de vous, parce que votre avis ne s'accorde pas avec celui des brahmanes ». Bysshe, 1665 : « Bien que nous ayons compassion de vous, nous ne vous sommes utiles en rien », Desantis, 1992 : « Parce que nous avons compassion de vous, nous vous venons en aide ». Il en est de même des versions latines : « Poussés par la pitié que nous inspirent ces choses, nous voulons vous être utiles autant que nous le pouvons » (version V).

147. Les versions latines V et S lisent : « Viens en Inde ».

148. Le rédacteur du texte semble avoir connaissance d'un échange de lettres antérieur entre Dandamis et Alexandre.

149. Les versions latines V et S écrivent en terminant : « Parce que tu écris que tu désires que je te sois utile en quelque chose, nous ne voulons aucun mal à ceux qui imitent Dieu avec une véritable piété. Nous voulons en effet que toute la nature humaine devienne meilleure ». La version S ajoute : « autant que cela peut se faire grâce à nous ».

Collatio *Alexandri et Dindimi :* entretien par lettres d'Alexandre Le Grand, Roi de Macédoine, et de Dindime, Roi des brahmanes, sur la philosophie.

1. Steinmann (2007 et 2012) offre de ce texte une édition critique et une traduction munie de très riches notes, avec des rapprochements textuels, des remarques sur la langue de l'auteur

et sur les choix de l'éditeur, des commentaires. Ma traduction repose sur son édition et plusieurs de mes propres notes lui sont redevables. Je n'ai retenu que les rapprochements de texte les plus significatifs. Les références à la *Collatio* II renvoient à l'édition de Kübler, 1891, p. 216-224.

2. Les chiffres entre crochets renvoient à l'édition de Marc Steinmann publiée en 2012 (accessible sur digitlibLT).

3. Dans cette première lettre, Cizek, 1986, p. 116, reconnaît la structure rhétorique de la lettre telle que la décrivent les épistolographes médiévaux : la *salutatio* a disparu, elle est suivie de l'*exordium* (qui comporte l'habituelle *captatio benevolentiae*), la *narratio* (qui relève les efforts d'Alexandre pour acquérir la sagesse), la *petitio* (demande de renseignements) et la *conclusio* (qui précise la demande). La *salutatio* est rétablie dans la *Collatio* III, rec. J 3, pour cette lettre et les autres : « Roi des rois et seigneur des seigneurs Alexandre, fils du dieu Ammon et de la reine Olympias, à Dindime, roi des Brahmanes, joie » (éd. Steffens, p. 130).

4. Le texte latin (*ad aures meas fando pervenit*) est assez proche de Virgile, *Énéide*, II, 81 (*fando aliquod si forte tuas pervenit ad auris*). La *Collatio* II dit simplement : « À plusieurs reprises on nous a rapporté » (p. 216, 26).

5. Utilisation du terme poétique *pelagus.*

6. Voir la note 1, p. 53.

7. Un des maîtres d'Alexandre fut Aristote (Pseudo-Callisthène, I, 13).

8. Lieu commun dont Steinmann, 2012, p. 129, cite des exemples d'Ennius à Victrice de Rouen et Augustin.

9. L'auteur donne à Dindime le titre de roi des Brahmanes pour faire pendant à celui d'Alexandre, roi des Macédoniens.

Dandamis est appelé par Alexandre *anaktôr*, maître, roi, dans le Pseudo-Callisthène, I, 6. L'*Historia de preliis* lui donne pour royaume une île sur le Gange. Voir W. Kirsch, « Das Reich des Dindimus, Eine antike Utopie im Mittelalter », *Wissenschaftliche Zeitschrift* 24, 1975, p. 71-75.

10. Même demande en Palladios, II, 2.

11. Déclaration semblable dans Palladios, II, 3. C'est aussi de la part de Dindime une *captatio benevolentiae*. Suit de sa part une longue *narratio*, coupée de nombreuses invectives.

12. Déclarations plus sévères dans Palladios, II, 21. En dehors de ce passage, les tirades polémiques de Dindime ne visent pas Alexandre lui-même, à l'inverse de celles de Dandamis dans son entretien, mais les coutumes des Grecs en général.

13. Basile de Césarée, *Petit Ascéticon*, 8, 17, dit de même que la tempérance « consiste à user non de ce qui est superflu, mais de ce qui est nécessaire à la vie ».

14. L'absence de lois est un trait de l'âge d'or : Ovide, *Métamorphoses*, I, 89-93 – sans juge, sans lois, sans punitions.

15. Cette formule fréquente dans des textes chrétiens se rencontre aussi dans des textes païens.

16. Les brahmanes s'abstiennent de travaux manuels (Mégasthène, *FGrHist.* 715 F 35, 1 ; Apulée, *Florides*, VI, 7-8).

17. Les termes *paenitentia*, *paenitere*, *paeniteri* prendront chez les chrétiens une signification particulière. Voir A. Blaise-H. Chirat, dans *Dictionnaire latin-français des auteurs chrétiens*, Paris 1954, p. 588.

18. Litt. : « avec des dents » : utilisation du terme poétique *dens*.

19. Encore un trait de l'âge d'or : Ovide, *Métamorphoses*, I, 101-102, 109 : « La terre, épargnée par le hoyau, ignorant les blessures de la charrue, offrait tout d'elle-même [...] sans être labourée, produisait des moissons ».

20. Virgile, *Géorgiques*, III, 536 : « atteler des attelages grinçants aux taureaux (*tauris stridentia plaustra subjungere*) » ; Ovide, *Métamorphoses*, I, 124 : « les taureaux gémissants » (*gementibus tauris*).

21. Virgile, *Énéide*, III, 218 (*dapibus cruentis*). Profession de végétarisme, qui rejoint l'affirmation de 2, 2 : « Nous chargeons notre table de mets qui ne nuisent pas ».

22. Le *caldarium* des thermes antiques, chauffé par hypocauste.

23. Virgile, *Bucoliques*, V, 47 : « étancher (*restinguere*) sa soif au ruisseau ».

24. *Siracide* (Vulgate), 42, 9 : « le souci enlève le sommeil ».

25. Le terme rare *velificatus* appliqué à la poussière indique sans doute qu'on ajoute au mortier de la poussière de pouzzolane, une pratique attestée (Pline l'Ancien, XXXV, 166 : pierraille de Cumes) ; Vitruve, *De architectura*, 2, 6, 1, définit la pouzzolane comme « un genre de poudre (qui) mêlée à la chaux et aux moellons [...] assure la solidité des différentes constructions », André-Filliozat, 1986, p. 166, pensaient à du « sable transporté par mer ».

26. Tertullien, *La Toilette des femmes*, II, 4, leur interdit de modifier la nature, car « ce qui est de nature est l'œuvre de Dieu, ce qui est factice est l'œuvre du diable » ; Cyprien, *De habitu virginum*, 15 : « Est œuvre de Dieu tout ce qui naît, du diable ce qui est modifié ».

27. Tobie (*Vulgate*), 8, 9 : « Je reçois ma sœur [...] par amour seul de la postérité ».

28. Litt. : « en obtenant la stérilité », en corrigeant *obitu* par *obtentu* (?).

29. Litt. : « la vie des survivants ». Hérodote, III, 101, attribue la pratique de tuer les vieillards aux Indiens padéens. Solin, parlant des Indiens, déclare : « Il en est qui immolent comme des victimes leurs parents et leurs proches avant qu'ils ne soient amaigris par l'âge ou la maladie » (*Collectanea*, 22). Voir Pierre Schneider, « L'élimination des vieillards malades. Regard grec sur les sociétés des confins de l'*oikoumené* », dans M. Molin (éd.), *Les régulations sociales dans l'Antiquité*, Rennes, 2006, p. 43-53.

30. Le terme *genetrix* ici présent est utilisé presque exclusivement par les poètes (Virgile, *Énéide*, I, 590 ; Ovide, *Métamorphoses*, IV, 384).

31. La crémation, pratiquée chez les Grecs depuis l'époque homérique, fut à Rome le rite funéraire le plus pratiqué jusqu'à la fin du IIe siècle.

32. Les fleuves du Pactole et de l'Hermus, en Lydie, étaient réputés dans l'Antiquité pour leur richesse en or : Hérodote, V, 101 (le Pactole, roulant des parcelles d'or) ; Virgile, *Géorgiques*, II, 137 (*auro turbidus Hermus*).

33. Alexandre « imagina follement qu'il avait atteint les sources du Nil » (Arrien, *Anabase*, 6, 1, 2-5), mais se rendit compte de son erreur (Strabon, XV, 1, 25). La *Collatio* III, rec. J3 écrit : « Vous avez diminué le Nil en buvant » (Steffens, p. 136).

34. Virgile, *Énéide*, VI, 395. Cerbère était plus souvent acheté ou endormi par un gâteau de miel drogué.

35. Allusion à Cronos. Quelques manuscrits ont *matrum* (des mères), mais Steinmann maintient *patrum.* On pourrait traduire « des parents », et penser que Dindime a en vue le cas de Médée.

36. Allusion à Œdipe.

37. Danaé, à laquelle Zeus rendit visite sous la forme d'une pluie d'or : Ovide, *Métamorphoses*, IV, 611, citée par Tertullien, *Apologétique*, 21, 8.

38. Virgile, *Énéide*, VI, 140-143 : « Il est impossible de pénétrer sous les profondeurs de la terre avant d'avoir détaché de l'arbre la branche au feuillage d'or. C'est le présent que Proserpine a établi qu'on apporterait à sa beauté ». La *Collatio* III (rec. J3) : « Proserpine en a rendu beaucoup participants de ses adultères ».

39. L'auteur pense ici aux richesses, qui possèdent ceux qui les possèdent. Reliant cette phrase à la précédente, la *Collatio* II lit : « vous avez tous les *vices* et vous rendez la justice sur ceux que vous avez vous-mêmes » (p. 219, 16-17).

40. Le concept de la terre-mère, présent chez Varron et Lucrèce, est très important pour la spéculation philosophique du stoïcisme et de l'épicurisme et se retrouve dans la littérature de l'époque, ainsi dans la légende de Deucalion (Ovide, *Métamorphoses*, I, 381-415 ; Steinmann, 2012, p. 255).

41. Le terme *pestis* désigne sans doute de manière générale les maladies épidémiques.

42. Ovide, *Pontiques*, II, 7, 71 : « Le corps et l'âme sont aidés par le climat tempéré du ciel ». A l'inverse, le climat insalubre est cause des maladies.

43. Le terme *parsimonia* est utilisé par les auteurs chrétiens pour désigner la modération, la retenue, voire la privation temporaire : Tertullien, *Exhortation à la chasteté*, 10 (*parsimonia carnis*) ; Ambroise, *Sur Élie et le jeûne*, 6, 18 ; 8, 22.

44. Critique des courses de chevaux : Tertullien, *Les Spectacles*, IX, 1.

45. Critique des combats de gladiateurs : Tatien, *Discours aux Grecs*, 23 ; Tertullien, *Apologétique*, 38, 4 ; *Les Spectacles*, XIX, 4 ; XXI, 4.

46. Critique du théâtre : Tatien, *Discours aux Grecs*, 24 : « À quoi me sert l'acteur furieux du drame d'Euripide ? ». Critique des mimes, des tragédiens : Tertullien, *Les Spectacles*, XVII, 2 ; XXV, 3.

47. *Machina mundi* : Lucrèce, *La Nature*, V, 96.

48. Tertullien, *Les Spectacles*, 9 : « Le chrétien a de meilleurs spectacles, s'il le veut [...]. Il a cette beauté du monde qu'il voit et qu'il admire [...] ».

49. L'auteur s'inspire de la description d'Ovide, *Métamorphoses*, II, 23-29 : le soleil pourpre, entouré du jour, du mois, de l'année, des heures et des saisons, ceintes de fleurs, d'épis, de grappes.

50. Le *purpureus* latin ne désigne pas la couleur rouge, mais plutôt un mélange de bleu et de rouge, la couleur violette : voir J. André, *Étude sur les termes de couleur dans la langue latine*, Paris, 1949, p. 101-102.

51. La description rassemble tous les lieux communs du *locus amoenus*, herbe verte, fleurs odorantes, douceur de l'atmosphère, chant des oiseaux.

52. Formule poétique : Virgile, *Énéide*, I, 464 ; *Géorgiques*, II, 285 ; Ovide, *Pontiques*, I, 4, 21 ; *Métamorphoses*, 14, 728.

53. Virgile, *Géorgiques*, II, 512 : « Ils cherchent une autre patrie située sous le soleil ».

54. Tatien, *Discours aux Grecs*, 1 : « Vous n'avez inventé la rhétorique que pour l'injustice et la délation, tirant bénéfice de

la liberté de vos discours et faisant souvent apparaître plus tard comme mal ce qui présentement est juste ».

55. *Collatio* II, 2 : « Nous n'apprenons pas l'art de bien parler, mais par nature nous parlons bien ; nous disons tout avec simplicité, qui ne nous permet jamais de mentir » (p. 220, 1-3).

56. Tatien, *Discours aux Grecs*, 3 : les philosophes « se contredisent eux-mêmes dans leurs doctrines, et chacun parle selon l'inspiration du moment. En outre les querelles chez eux sont nombreuses ; ils se haïssent les uns les autres ; ils sont opposés les uns aux autres dans leurs opinions ».

57. Formulation négative de la règle d'or, citée en Matthieu 7, 12, qui était présente aussi dans la philosophie éthique antique : on en trouve les premières attestations autour du Ve ou du IVe siècle av. J.-C., peut-être dès le VIIIe. Voir Olivier du Roy, *La Règle d'or, histoire d'une maxime morale universelle.* 1 : *De Confucius à la fin du XIXe siècle*, Paris, 2012.

58. Le thème de la supériorité du sacrifice spirituel est largement développé dans le monde antique, aussi bien chez les païens que chez les Juifs ; les chrétiens en feront un argument apologétique, en l'opposant aux sacrifices sanglants du paganisme : voir Everett Ferguson, « Spiritual Sacrifice in Early Christianity and its Environment », dans W. Haase (éd.), *Aufstieg und Niedergang der römischen Welt.* II, *Prinzipat*, 23.2, Berlin, 1980, p. 1151-1189.

59. Hansen, 1965, p. 372, voit dans cette phrase la trace « d'une forme christianisée d'un remaniement gnostique d'Hippolyte ». De fait Hippolyte, *Élenchos*, 24, 1, 2, déclare que Dieu est parole, « non de la parole articulée, mais de la connaissance, par laquelle les mystères secrets de la nature sont vus par les sages ». On doit aussi se référer d'abord à Jean 1, 1, tout en rappelant que la doctrine du *logos* était présente chez les Stoïciens comme chez Philon d'Alexandrie. Voir Wilhelm Kelber, *Die Logoslehre von Heraklit bis Origenes*, Stuttgart, 1958.

60. Le thème du Dieu qui crée et maintient le monde, présent dans le papyrus de Berlin (col. I, 15, 51-52 ; II, 4, 51) revient plusieurs fois dans Palladios, II, 2, 25, 27, 33, 47.

61. Jean 4, 24 ; Minucius Felix, *Octavius*, 19, 2 : « Dieu n'est rien d'autre qu'intelligence, raison, esprit ».

62. La phrase semble être une dénonciation des plaisirs charnels (*voluptas*, *caro*), mais tout le développement qui suit concerne les sacrifices où l'on offre de la viande.

63. Dans Palladios, II, 45, Dandamis dit de même son dégoût de la viande et le justifie.

64. Comme Dandamis dans l'ouvrage de Palladios, Dindime est présenté comme un strict monothéiste.

65. La tradition manuscrite hésite entre *dicimus* et *dicitis*, « nous disons » et « vous dites ». Steinmann, 2012 (contre 2007), préfère *dicitis*, ce qui est tout à fait défendable. On peut aussi penser que Dindime prend à son compte (*dicimus*) l'idée largement répandue que l'homme est un microcosme, tout en montrant ensuite que les païens en font un mauvais usage.

66. Minerve, ou Athéna, née de la tête de Zeus, est la déesse de la sagesse.

67. Il est curieux qu'Hercule soit compté au nombre des divinités.

68. Chez les auteurs chrétiens les *femora* désignent les organes de la procréation (Adams, *The Latin sexual vocabulary*, Londres 1982). La *Collatio* II (p. 220, 37) est plus explicite et assigne à Vénus les organes génitaux.

69. Jupiter est identifié au ciel (Minucius Felix, *Octavius*, 19, 10), donc à l'air. Son palais est ici appelé *praetorium*.

70. Reproches semblables sur l'ensemble de ces cultes chez Arnobe, *Contre les Gentils*, VII, 21, 1 qui relève à ce propos les discordances des rituels.

71. Le sanglier est un des animaux favoris de Mars, qui en prend parfois l'apparence, ainsi dans le mythe d'Adonis (Servius, *Sur l'Églogue*, X, 18).

72. Virgile, *Géorgiques*, 2, 380 : « Un bouc est tué sur tous les autels pour Bacchus ». Il fait partie du cortège dionysiaque ; Arnobe, VII, 21, 7, précise (pour s'en moquer) qu'il ne doit être offert ni à Mercure ni à Liber.

73. Argus, qui était au service de Junon, fut tué par Mercure sur l'ordre de Zeus. Junon transporta ses yeux sur le plumage du paon.

74. Ovide, *Fastes*, 1, 579 : « Il immole pour toi un taureau, Jupiter ».

75. Lors de la naissance d'Apollon à Délos, des cygnes sacrés vinrent voler au-dessus de l'île (Callimaque, *Hymnes*, 4, 249).

76. Le char d'Aphrodite est tiré par des colombes et des cygnes (Apulée, *Métamorphoses*, VI, 6).

77. L'animal favori de Minerve, l'Athéna grecque, est la chouette.

78. Cérès-Déméter, déesse maternelle de la Terre, est celle qui donne le blé.

79. Une des offrandes préférées de Mercure, dieu des orateurs habiles, était le lait mêlé de miel.

80. Hercule ceignit sa tête d'une couronne de feuilles de peuplier lorsqu'il revint des enfers où il avait vaincu Cerbère. Selon

d'autres, il portait cette couronne de feuilles de peuplier lorsqu'il lutta contre Cerbère.

81. La rose elle-même est associée à Cupidon et surtout à Vénus ; une goutte de sang de celle-ci, venue au secours d'Adonis blessé, avait coloré les roses, qui jusqu'alors étaient blanches.

82. Le coussin (*pulvinar*) posé sur le lit de parade où l'on plaçait les statues des dieux.

83. Même interprétation rationaliste des peines du Tartare chez Lucrèce, *La Nature*, III, 978-979 : « Tous les châtiments que la tradition place dans les profondeurs de l'Achéron, tous, quels qu'ils soient, c'est dans notre vie qu'on les trouve » ; *ibid.*, 1011-1023 : description des supplices du Tartare et leur interprétation psychologique : « C'est ici-bas que la vie des sots devient un véritable enfer ».

84. Les Euménides sont un autre nom des Érinyes, dont la fonction essentielle est la vengeance du crime ; les Romains les identifièrent avec leurs Furies. Tisiphone est l'une des trois Érinyes : Virgile, *Énéide*, VI, 569.

85. Les ombres exsangues sont les riverains du Léthé, les fantômes des morts : Virgile, *Énéide*, VI, 401 ; Ovide, *Métamorphoses*, IV, 443 ; *Contre Ibis*, 142 : « mon ombre exsangue haïra ta conduite ».

86. Virgile, *Énéide*, VI, 420.

87. Ce n'est pas l'hydre de Lerne, mais l'hydre à cinquante gueules dont Virgile fait le gardien des enfers (*Énéide*, VI, 575-576).

88. Il s'agit encore des Euménides, dont la tête est couronnée de serpents : Catulle, *Carmen* 64, 193-194 : « Euménides, vous

dont, couronné d'une chevelure de serpents, le front révèle les colères qui s'exhalent de votre cœur ».

89. La *Collatio* II a un peu développé le propos : « On dit que Tantale est en enfer, qu'il a toujours soif et n'est jamais rassasié ; et vous avez tellement de cupidité que vous n'êtes rassasiés en aucun moment. On dit que Cerbère, qui a trois têtes, est en enfer, et votre ventre, si vous voulez bien le regarder, est comme Cerbère, parce qu'il mange et qu'il boit beaucoup. On dit de même que le serpent qu'on appelle Hydra est en enfer, et vous, à cause de vos nombreux vices, que vous avez pour avoir rassasié votre ventre, vous pouvez être appelés Hydra » (p. 221, 29-36).

90. Pluton est le dieu des richesses terrestres.

91. Thème présent dans le Nouveau Testament (*Épître aux Hébreux*, 11, 13 ; *1 Pierre*, 2, 11) et l'apologétique chrétienne des premiers siècles : *Épître à Diognète*, 5 : « Ils habitent leurs cités comme des étrangers » ; Tertullien, *Sur la couronne*, 13, 4 : « tu es pèlerin (*peregrinus*) de ce monde » ; Irénée : *Contre les hérésies*, V, 32, 2 : « *peregrinus* et étranger (*advena* : le terme même qu'utilise la *Collatio*) *in terra* ».

92. Litt. « pour un châtiment » (*paenae* – qui est la *lectio difficilior*). Voir Steinmann, 2007, p. 129-130.

93. Au lieu de *vetamus* (« nous refusons »), certains manuscrits ont *rogamus* (« nous demandons »).

94. Inversion du célèbre vers d'Ovide, *Métamorphoses*, VII, 20 : « Je vois le meilleur et je l'approuve, mais je me laisse entraîner au pire ».

95. Même thème en Palladios, II, 24.

96. C'est la doctrine des Épicuriens. Servius, *Sur l'Énéide*, 2, 639 : « selon les Épicuriens, qui disent que les dieux ne se soucient pas des mortels ».

97. Cette mention des pyramides est-elle une indication sur le pays dans lequel réside l'auteur ou une critique du séjour d'Alexandre en Égypte et des monuments qu'il y fit édifier ?

98. Salmonée voulut imiter le tonnerre de Zeus et ses éclairs. Zeus le foudroya (Virgile, *Énéide*, VI, 585-594).

99. Encélade, un géant, fut tué par Athéna, qui jeta sur lui la montagne de l'Etna (Virgile, *Énéide*, III, 577-582).

100. Comparer avec Palladios, II, 32, où Alexandre félicite Dandamis pour son bonheur : « Dieu t'a fait naître et lui-même t'a envoyé dans ces lieux où il t'est possible de vivre heureux, car tu es sans trouble en toute ta nature, riche, sans besoins et jouissant d'une totale tranquillité ».

101. *Collatio* II : « Car les biens que vous dites posséder sont semblables aux supplices de ceux qui sont en prison, et ce que notre loi décide pour de tels hommes, vous l'endurez par nature » (p. 223, 9-12).

102. *Collatio* II : « Quel malheur pire peut arriver à un homme à qui est refusée la possibilité de vivre en liberté ? Dieu n'a pas voulu vous réserver pour des supplices éternels, mais il a jugé que vous subiriez vivants de très grandes épreuves. Bien que vous disiez être philosophes, vous ne tirerez de cela aucun fruit de louange » (p. 223, 14-18).

103. Sur la vigne arbustive, qui utilise les arbres comme échalas – une pratique répandue dans l'Antiquité : voir Pline, XVII, 35, 23.

104. Alors qu'Ovide, *Métamorphoses*, I, 141-142 présente l'invention du fer comme un signe de décadence (*nocens ferrum*) accompagnant la fin de l'âge d'or, Alexandre le présente comme un progrès.

105. L'auteur de la *Collatio* II a simplifié le § 4 : « Vous dites que vos femmes ne se parent pas et qu'il n'y a chez vous

ni adultère ni fornication. Ce serait admirable, si vous faisiez cela volontairement. Mais vous faites cela parce que l'apparence de vos femmes ne vous plaît pas, parce qu'elles ne sont pas parées [...], ainsi vous restez dans la chasteté » (p. 223, 33-224, 2).

106. C'est-à-dire « la chasteté imposée par des jeûnes obligatoires ».

107. La phrase reste énigmatique (Steinmann, 2007, p. 123 et 2012, p. 323). Dans le contexte, il est clair qu'une abstinence forcée ne supprime pas la racine du mal (« reste la cause du péché »).

108. Ambroise, *Sur les six jours*, VI, 9, 97 : « Car les sens eux-mêmes nous sont communs avec les autres animaux, mais les autres êtres animés ne les utilisent pas avec la même habileté ».

109. Cicéron, *Pour Caelius*, 17 : « La nature nous offre de nombreux agréments sur lesquels la vertu endormie ferme les yeux ».

110. Citation de Virgile, *Géorgiques*, I, 420 : Steinmann, 2007, p. 140 remarque que tout le passage a pour modèle *Géorgiques*, I, 417-423, qui décrit comment les oiseaux saluent le retour du beau temps, les hommes réagissant de même : « les dispositions des âmes se trouvent transformées (*species animorum vertuntur*), et les cœurs éprouvent alors des émotions tout autres que quand le vent poussait les nuées ».

111. *Collatio* II : « quand le jour est clair, la volonté et l'esprit sont dans la joie, mais quand il est ténébreux, ils sont tristes ». Liénard rapproche ce passage de Symmaque, *Lettres*, I, 37 : « On proclame que l'esprit humain brille quand le ciel est serein, mais qu'il craque lorsque les nuages s'amoncellent ». C'est du reste la *Collatio* qui permet de rétablir le verbe *fatiscere* (se fendre, craquer) dans le texte de Symmaque, qui cite probablement un auteur ancien.

112. Steinmann, 2012, p. 330 cite en parallèle à ce mélange d'opposés (*permixtione contraria*) Firmicus Maternus, *Mathesis*, VII, 1, 2 : « (Dieu) qui après avoir mis en place, pour fabriquer toutes choses, les quatre éléments différents, a tout achevé à partir d'éléments opposés et qui se combattent les uns les autres ». Arnobe récuse le trouble qu'aurait provoqué le christianisme en ces termes : « Est-ce que ces éléments premiers, dont on s'accorde à reconnaître qu'ils constituent toutes choses, se sont transformés pour prendre des caractéristiques opposées ? » (*Contre les Gentils*, I, 2, 4).

113. Ces parties sont les cinq sens.

114. Steinmann, 2012, p. 333, remarque que Dindime accuse Alexandre de deux péchés capitaux, l'orgueil (*superbia*) et l'envie (*invidia*).

115. *Collatio* II : « Nous avons de la terre tous les bons fruits, de la mer abondance de poissons et du ciel les délices des oiseaux : si tu veux t'abstenir de tout cela, tu seras jugé ou bien orgueilleux, puisque tu méprises de tels dons, ou bien envieux, car ce qui m'a été donné te semble meilleur que ce qui t'a été donné » (p. 224, 20-24).

BIBLIOGRAPHIE
(citée sous forme abrégée dans le volume)

Éditions :
1. Palladios, *Sur les brahmanes*

Version grecque :

Kammermeister, 1569 : Joachim Kammermeister [Camerarius], *Libellus gnomologicus, id est, Bonarum utiliumque sententiarum generalem expositionem Graecam Latinamque continens, ad puerilem ille quidem institutionem accomodatus, sed qui tamen adultiorib[us] quoque opportunus esse possit*, Leipzig, 1569 : texte grec p. 110-149 ; traduction latine p. 253-294.

Bysshe, 1665 : Eduard Bysshe [Bissaeus], *Palladiou peri tôn tès Indias ethnôn kai tôn Bragmanôn, Palladius de gentibus Indiae et Bragmanibus*, Londres, 1665, p. 1-54 (texte grec et traduction latine juxtaposés).

Müller, 1846 : Carolus Müller, *Reliqua Arriani et Scriptorum de Rebus Alexandri Magni Fragmenta. Pseudo Callisthenis historiam fabulosam*, Paris, 1846, 1877[2], réimpr. Chicago, 1979 (le *Commonitorium* : p. 102-120).

Pfister, 1910 : Friedrich Pfister, *KleineTexte zum Alexanderroman : Commonitorium Palladii, Briefwechsel zwischen Alexander und Dindimus, Brief Alexanders über die Wunder Indiens*, nach der Bamberger Handschrift hrsg. von Friedrich Pfister (Sammlung vulgärlateinischer Texte, 4), Heidelberg, 1910.

Früchtel, 1920 : Ludwig Früchtel, *Palladiou peri tôn tès Indias ethnôn kai tôn Bragmanôn*, Diss. inéd. Erlangen, 1920, dont la première partie a été publiée dans Breloer-Bömer, 1939, p. 177-182.

Kroll, 1926 : Wilhelm Kroll, Pseudo-Callisthène. *Historia Alexandri magni, recensio vetusta*, Berlin, 1926.

Breloer-Bömer, 1939 : Bernhard Breloer et Franz Bömer, *Fontes historiae religionum Indicarum*, Bonn, 1939.

Derrett, 1960 : John Duncan Martin Derrett, « *Palladius : De vita Bragmanorum Narratio*, alias *Palladii de Gentibus Indiae et Bragmanibus commonitorii necnon Arriani opusculi versio ornatior* », *Classica et Mediaevalia* 21, 1960, p. 91-135.

Berghoff, 1967 : Wilhelm Berghoff, Palladius. *De Gentibus Indiae et Bragmanibus* (Beiträge zur Klassischen Philologie, 24), Meisenheim am Glan, 1967.

Parthe, 1979 : Franz Parthe, *Der griechische Alexanderroman. Rezension γ*, Meisenheim am Glan, 1979 (édition critique du livre III du Pseudo-Callisthène).

Versions latines

Kübler, 1891 : Bernardus Kübler, *Commonitorium Palladii. Briefwechsel zwischen Alexander dem Grossen und Dindimus...*, nach der Bamberger Handschrift E III-14, zum ersten Mal hrsg., *Romanische Forschungen* 6, 1891, p. 210-216 (version B de I, 1-15).

Pritchard, 1993 : Telfryn Pritchard, « The “Ambrose” Text of Alexander and the Brahmans », *Classica et Mediaevalia* 44, 1993, p. 115-132 (version V).

Scheiwiller, 1956 : Vanni Scheiwiller, *De moribus Brachmanorum Liber Sancto Ambrosio adscriptus*, Milan, 1956 (version S, qui se trouve aussi en *Patrologia latina*, 17, 1167-1184).

Wilmart, 1933 : André Wilmart, « Les textes latins de la lettre de Palladius sur les mœurs des Brahmanes », *Revue Bénédictine* 45, 1933, p. 29-42.

Traductions en langues modernes

André-Filliozat, 1986, p. 298-306 : trad. fr. de I, 1-13, faite sur la version latine V.

Bounoure-Serret, 1992 : Pseudo-Callisthène. *Le Roman d'Alexandre, La vie et les hauts faits d'Alexandre de Macédoine*, trad. et comm. par Gilles Bounoure et Blandine Serret, La Roue à livres, Paris, 1992, p. 199-203 : analyse et trad. partielle de III, 7-16.

Daniélo, 1842 : Jean-F. Daniélo, *Histoire et tableau de l'univers*, tome II, Paris, 1842, p. 65-69 et 87-94 : trad. française de I, 3-30 et de II, 32-51.

Desantis, 1992 : Giovanni Desantis, Pseudo-Palladio, *Le genti dell'India e i Brahmani,* intr., trad. et notes de G. D. (Collana di Testi Patristici, 99), Rome, 1992.

Stoneman, 2011 : Richard Stoneman, dans *The Legends of Alexander the Great*, Londres, 2011, p. 34-56 (traduction anglaise sous le titre *The Life of the Brahmans*).

Yankovski, 1962 : S. V. Yankovski, *The Brahman Episode. St. Ambrose Versio of the Colloquy between Alexander the Great and the Brahmans of India*, Ansbach, 1962 (édition et traduction anglaise de la version S).

2. Collatio Alexandri et Dindimi : *Éditions et traductions* :

Bysshe, 1665 (*Collatio* I), p. 85-103.

Kübler, 1888 (*Collatio* I), p. 169-189.

Kübler, 1891 : B. Kübler, *Commonitorium Palladii. Briefwechsel zwischen Alexander dem Grossen und Dindimus*... nach der Bamberger Handschrift E III-14, zum ersten Mal hrsg., *Romanische Forschung* 6, 1891 (*Collatio* II : p. 216-224).

Pfister, 1910 : Friedrich Pfister, *Kleine Texte zum Alexanderroman : Commonitorium Palladii, Briefwechsel zwischen Alexander und Dindimus, Brief Alexanders über die Wunder Indiens*, nach der Bamberger Handschrift hrsg. von Friedrich Pfister (Sammlung vulgär-lateinischer Texte, 4), Heidelberg, 1910 (*Collatio* II : p. 10-20).

André-Filliozat, 1986 : traduction française de 2, 2-8, 15 ; 4, 1-2.

Pritchard, 1995 : Telfryn Pritchard, « The *Collatio Alexandri et Dindimi* : a revised Text », *Classica et Mediaevalia* 46, 1995, p. 255-283 (*Collatio* I).

Steinmann, 2007 : Marc Steinmann, *Die Collatio Alexandri et Dindimi (Lateinisch-deutsch). Übersetzung und Kommentar* (Beihefte zum Göttinger Forum für Altertumswissenschaft, 3), Göttingen, 2007 (*Collatio* I).

Steinmann, 2012 : Marc Steinmann, *Alexander der Grösse und die « nackten Weisen » Indiens*, *Der fiktive Briefwechsel zwischen Alexander und dem Brahmanenkönig Dindimus*, Berlin, Einleitung, lateinischer Text, Übersetzung und Kommentar (Klassische Philologie, 4), Berlin, 2012 (*Collatio* I) (texte latin en ligne sur DigilibLT).

Stoneman, 1994 : Richard Stoneman, *Legends of Alexander the Great*, Londres, 1994 (traduction de la *Collatio* II, p. 57-66).

Études générales sur Palladios, la *Collatio*, Alexandre et les brahmanes

André, 1982 : Jacques André, « Échos poétiques d'un brahmane », *Revue des Études Latines* 60, 1982, p. 43-49.

André-Filliozat, 1986 : Jacques André et Jean Filliozat, *L'Inde vue de Rome. Textes latins de l'Antiquité relatifs à l'Inde*, Paris, 1986.

Auberger, 2001 : Janick Auberger, *Historiens d'Alexandre*, Paris, 2001.

Berg, 1970 : Beverly Berg, « Dandamis : An Early Christian Portrait of Indian Asceticism », *Classica et Mediaevalia* 31, 1970, p. 269-305.

Berg, 1974 : Beverly Berg, « The Letter of Palladius on India », *Byzantion* 44, 1974, p. 5-16.

Bosman, 2010 : Philip R. Bosman, « The Gymnosophist Riddle Context (Berol. Pap. 13044) : A Cynic Text ? », *Greek Roman and Byzantine Studies* 50, 2010, p. 175-192.

Bosworth, 1998 : Brian B. Bosworth, « Calanus and the Brahman Opposition », dans Wolfgang Wild (éd.), *Alexander der Grosse. Eine Welteroberung und ihr Hintergrund*, Oxford, 1998.

Brunel, 1978 : Philippe Brunel, « Le *De moribus Brachmanorum* : histoire du texte et problèmes d'attribution »,

Mémoires I. Centre Jean Palerne, Saint-Étienne, 1978, p. 27-43.

Bruseker, 2010 : George Bruseker, « Calanus and Dandamis. A Greek Sketch of Ancient Indian Thought », *Talanta* 42-43, 2010-2011, p. 7-49.

Cary, 1954 : George Cary, « A note on the mediaeval history of the *Collatio Alexandri cum Dindimo* », *Classica et Mediaevalia* 15, 1954, p. 124-129.

Cary, 1956 : George Cary, *The Medieval Alexander*, Cambridge, 1956.

Cizek, 1986 : Alexandru Cizek, « Zur literarischen und rhetorischen Bestimmung der Schrift *Collatio Alexandri Magni, regis Macedonum et Dindimi, regis Bragmanorum, de philosophia per litteras facta* », *Rhetorica* 4, 1986, p. 111-136.

Cizek, 2014 : Alexandru Cizek, « Les réécritures médiolatines du *Roman d'Alexandre*. A. Léon de Naples, Nativitas et Victoria Alexandri Magni », dans Gaullier-Bougassas 2014, tome I, p. 115-173 ; *id.* « Sur les remaniements de l'*Historia de preliis* », dans Gaullier-Bougassas, 2014, tome IV, p. 30-48.

Coleman-Norton, 1926 : Paul Robinson Coleman-Norton, « The Autorship of the *Epistola de Indicis gentibus et de Bragmanibus* », *Classical Philology* 21, 1926, p. 154-160.

Cracco Ruggini, 1965 : Lellia Cracco Ruggini, « Sulla cristianizzazione della cultura pagana : il mito greco e latino di Alessandro dall'età antonina al medio Evo », *Athenaeum* N. S. 43, 1965, p. 3-80.

Criscuolo, 1970 : Ugo Criscuolo, « Per la fortuna della diatriba cinica (pap. Genevensis inv. 271) », *Annali della Facoltà di Lettere e Filosofia dell'Università di Macerata* 3-4, 1970-1971, p. 453-467.

Derrett, 1960 : John Duncan Martin Derrett, « The History of "Palladius on the races of India and the Brahmans" », *Classica et Mediaevalia* 21, 1960, p. 60-90.

Derrett, 1962 : John Duncan Martin Derrett, « The Theban Scholasticus and Malabar in c. 355-60 », *Journal of American Oriental Studies* 82, 1962, p. 21-61.

Desanges, 1969 : Jehan Desanges, « D'Axoum à l'Assam, aux portes de la Chine : le Voyage du "Scholasticus de Thèbes" (entre 360 et 500 après J.-C.) », *Historia : Zeitschrift für Alte Geschichte* 18, 1969, p. 627-639.

Dognini, 2008 : Cristiano Dognini, « Il colloquio fra Alessandro Magno e i Gymnosofisti », *Quaderni di Studi Indo-Mediterranei* 1, 2008, p. 253-273.

Ducœur, 2001 : Guillaume Ducœur, *Brahmanisme et encratisme à Rome au IIIe siècle ap. J.-C. Étude d'Elenchos I, 24, 7 et VIII, 20, 1-3*, Paris, 2001.

Dumézil, 1976 : Georges Dumézil, « Alexandre et les sages de l'Inde », dans *Scritti in onore di Giuliano Bonfante*, II, p. 555-560, Alessandria, 1987 (vol. séparé : Brescia 1976).

Fick, 1938 : Richard Fick, « Der indische Weise Kalanos und sein Flammentod », *Nachrichten von der Gesellschaft der Wissenschaften zu Göttingen, Phil.-Hist. Klasse* III, 1, 1938, p. 1-32.

Filliozat, 1949 : Jean Filliozat, « Les échanges de l'Inde et de l'Empire romain aux premiers siècles de l'ère chrétienne », *Revue Historique* 73, 1949, p. 1-29.

Filliozat, 1950 : Jean Filliozat, « La doctrine des Brahmanes d'après S. Hippolyte », *Revue d'Histoire des*

Religions 130, 1945, p. 59-91 ; *Journal Asiatique* 234, 1943-45, p. 234, 451.

Filliozat, 1981 : Jean Filliozat, « La valeur des connaissances gréco-romaines sur l'Inde », *Journal des Savants* 1981, 2, p. 97-135.

Gaullier-Bougassas, 2014 : Catherine Gaullier-Bougassas (éd.), *La fascination pour Alexandre le Grand dans les littératures européennes (X*e*-XVI*e *siècle). Réinventions d'un mythe* (Alexander Redivivus, 5), Turnhout, 2014, 4 tomes.

Goossens, 1927 : Roger Goossens, « L'*odontotyrannos*, animal de l'Inde », *Byzantion* 4, 1927-1928, p. 29-52.

Hansen, 1965 : Günther Christian Hansen, « Alexander und die Brahmanen », *Klio* 43, 1965, p. 351-380.

Jouanno, 2010 : Corinne Jouanno, « Des Gymnosophistes aux Réchabites : une utopie antique et sa christianisation », *L'Antiquité Classique* 79, 2010, p. 53-76.

Kurfess, 1949 : Alfons Kurfess, « Palladios 5 », *RE* XVIII/3, col. 203-207.

Kurfess, 1940 : Alfons Kurfess, « Zur Collatio Alexandri et Dindimi », *Mnemosyne* 9, 1940, p. 138-152.

Liénard, 1936 : Edmond Liénard, « Collatio Alexandri et Dindimi », *Revue Belge de Philologie et d'Histoire* 15, 1936, p. 819-838.

Lüschen, 2012 : Tim-Eilert Rolf Lüschen, *Alexander der Grosse, Gott und Gottessohn. Die religiöse Rezeption von der Antike bis ins frühe Mittelalter*, Diss. Univ. Braunschweig, 2012.

Makowsky, 1909 : Julius Makowsky, *De Collatione Alex. Magni et Dindimi*, Breslau, 1909.

Martin, 1959 : Victor Martin, « Un recueil de diatribes cyniques : Pap. Genev. inv. 271 », *Museum Helveticum* 16, 1959, p. 77-115 (avec index des mots).

Monneret de Villard, 1947 : Ugo Monneret de Villard, « Mose, vescovo di Adulis », *Orientalia Christiana Periodica* 13 (Miscellanea Guillaume de Jerphanion), 1947, p. 613-623.

Morelli, 1920 : Camillo Morelli, « Sulle tracce del romanzo e della novella. I, Alessandro e Dandamis », *Studi Italiani di filologia classica* N.S. 1, 1920, p. 25-75.

Muckensturm, 1993 : Claire Muckensturm-Poulle, « Les Brahmanes de Palladios », *Topoi* 3/2, 1993, pp. 535-545.

Muckensturm, 1993a : Claire Muckensturm, « Les gymnosphistes étaient-ils des cyniques modèles ? », dans Marie-Odile Goulet-Cazé et Richard Goulet (éds.), *Le Cynisme ancien et ses prolongements*, Paris, 1993, p. 225-239.

Muckensturm, 1996 : Claire Muckensturm-Poulle, « L'espace des gymnosophistes », dans Jean-Claude Carrière (éd.), *Inde, Grèce ancienne, Regards croisés en anthropologie de l'espace. Actes du colloque international, Besançon (4-5 décembre 1992)*, Paris, 1996, p. 113-119.

Muckensturm, 2003 : Claire Muckensturm-Poulle, « Clément d'Alexandrie et les sages indiens », dans Jean-Yves Guillaumin et Stéphane Ratti (éd.), *Autour de Lactance. Hommage à Pierre Monat*, Besançon, 2003, p. 139-147.

Oliver, 1991 : Juan Pedro Oliver Segura, « Los gimnosofistas Indios como modelos del sabio asceta para cínicos y cristianos », *Antigüedad Cristiana* 7, 1991, p. 53-62.

Pédech, 1984 : Paul Pédech, *Historiens compagnons d'Alexandre : Callisthène, Onésicrite, Néarque, Ptolémée, Aristobule*, Paris, 1984.

Pfister, 1921 : Friedrich Pfister, « Die Brahmanen in der Alexandersage », *Berliner philologische Wochenschrift* 41, 1921, col. 569-575.

Pfister, 1941 : Friedrich Pfister, « Das Nachleben der Überlieferung von Alexander und den Brahmanen », *Hermes* 76, 1941, p. 143-169.

Pfister, 1976 : Friedrich Pfister, « Studien zum Alexanderroman », dans *Kleine Schriften zum Alexanderroman*, Meisenheim, 1976, p. 29-66.

Photiadès, 1959 : Pénélope Photiadès, « Les diatribes cyniques du papyrus de Genève 271, leurs traductions et élaborations successives », *Museum Helveticum* 16, 1959, p. 116-139.

Ross, 1956 : David John Athole Ross, « A check-list of mss of three Alexander texts : the Julius Valerius *Epitome*, the *Epistola ad Aristotelem* and the *Collatio cum Dindimo* », *Scriptorium* 10, 1956, p. 127-132.

Steinmann, 2001 : Marc Steinmann, « Die *Collatio Alexandri et Didimi* – eine annotierte Bibliographie », *Göttinger Forum für Altertumswissenschaft* 4, 2001, p. 561-568 (publié aussi en appendice à Steinmann, 2007, p. 183-216).

Steinmann, 2014 : Marc Steinmann, « Some Remarks on the Manuscripts of the *Collatio Alexandri et Dindimi*. Addenda and Corrigenda to Ross'Check-list of Alexander Texts », *Scriptorium* 68, 2014, p. 102-110.

Stoneman, 1994 : Richard Stoneman, « Romantic Ethnography : Central Asia and India in the Alexander Romance », *The Ancient World* 25, 1994, p. 93-107.

Stoneman, 1994a : Richard Stoneman, « Who are the Brahmans ? Indian Lore and Cynic Doctrine in Palladius' *De Bragmanibus* and his Models », *Classical Quarterly* 44, 1994, p. 500-510.

Stoneman, 1995 : Richard Stoneman, « Naked Philosophers : the Brahmans in the Alexander Romance and the Alexander Historians », *Journal of Hellenic Studies* 135, 1995, p. 99-114.

Stoneman, 1995 : Richard Stoneman, « Naked Philosophers : the Brahmans in the Alexander Historians and the Alexander romance », *Journal of Hellenic Studies* 115, 1995, p. 99-114.

Stoneman, 2004 : Richard Stoneman, *Alexander the Great*, Londres, 2004 (p. 75-91 : The expedition to India).

Sources anciennes citées

Lettre d'Alexandre à Aristote : *Epistola Alexandri ad Aristotelem*, éd. par W. Walther Boer, Meisenheim am Glan, 1973. Texte latin en appendice à la traduction de Jules Valère par Jean-Pierre Callu. Trad. française dans Bounoure-Serret, 1992, p. 122-146 et dans André-Filliozat, 1986, p. 170-182 ; *Der Brief Alexanders an Aristoteles über die Wunder Indiens. Synoptische Edition*, éd. par Michael Feldbusch, Meisenheim am Glan, 1976 (texte grec et quatre versions latines).

Aristobule : voir *FGrHist*.

Arnobe : *Contre les Gentils*, livres I-VII, éd. et trad. par Henri Le Bonniec, Jacqueline Champeaux et Bernard Fragu, CUF, Paris, 1982-2010.

Arrien : *Alexandri Anabasis*, éd. par A. G. Hoos, Bibliotheca Teubneriana, Leipzig, 1967. Trad. fr. : *Histoire d'Alexandre. L'Anabase d'Alexandre le Grand et l'Inde*, trad. Pierre Savinel, Paris, 1984 ; *L'Inde*, éd. et trad. par Pierre Chantraine, CUF, Paris, 1952.

Augustin d'Hippone : *De civitate Dei*, éd. par B. Dombart et A. Kalb, *Corpus Christianorum, Series Latina* 47, Turnhout, 1955.

Clément d'Alexandrie : *Stromates*, I-VII, éd. et trad. par Claude Mondésert (I-II, V), Alain Le Boulluec (IV ; VII), Patrick Descourtieux (VI), *Sources chrétiennes* (*SC*) 30, 38, 463, 278-279, 446, 428, Paris, 1954-1999.

Clitarque : voir *FGrHist*.

Ctésias de Cnide : *La Perse, L'Inde, Autres fragments*, éd. et trad. par Dominique Lenfant, CUF, Paris, 2004 ; *FGrHist* 688.

Cosmas Indicopleustès, *Topographie chrétienne*, éd. par Wanda Wolska-Conus, *SC* 141, 159, 197, Paris, 1968-1973.

Diogène Laërce, *Vie et doctrine des philosophes illustres*, trad. par Marie-Odile Goulet-Cazé, Paris, 1999.

Diodore de Sicile, *Bibliothèque historique*, livres II, III, XVI, XVII, éd. et trad. par Bernard Eck (II), Bibiane Bommelaer (III), Paul Goukowsky (XVI et XVII), CUF, Paris, 2003, 1976, 1989, 2016 (respectivement).

Élien, *La personnalité des animaux*, livres I-IX, livres X à XVII, trad. et comm. par Arnaud Zucker, La Roue à livres, Paris, 2001, 2002 ; *Histoire variée*, trad. et comm. par Alessandra Lukinovich et Anne-France Morand, La Roue à livres, Paris, 1991.

Épictète : *Entretiens*, éd. et trad. par Joseph Soulhié, CUF, Paris, 1949.

Epitoma (ms. de Metz) : *Epitoma Rerum Gestarum Alexandri et Liber de morte eius,* éd. par Peter Hermann Thomas, Leipzig, Bibliotheca Teubneriana, 1966 ; trad. par Jean-Pierre Callu dans *Julius Valère*, p. 320-343.

Expositio totius mundi et gentium : éd. et trad. par Jean Rougé, *SC* 124, Paris, 1966.

Évagre le Pontique : *Traité pratique*, *SC* 170-171, Paris, 1971 et *Le Gnostique*, éd. et trad. par Antoine et Claire Guillaumont, *SC* 356, 1989 ; *Les Six Centuries des « Kephalaia gnostica »*, Antoine Guillaumont, *Patrologia Orientalis*, 134 (28/1), Paris, 1958.

FGrHist. : *Die Fragmente der Griechischen Historiker*, éd. par Felix Jacoby, I-III, Leyde, 1962 (133 : Néarque ; 134 : Onésicrite ; 137 : Clitarque ; 139 : Aristobule ; 688 : Ctésias ; 715 : Mégasthène).

Firmicus Maternus, *Mathesis* VII, éd. et trad. par Pierre Monat, CUF, Paris, 2003.

Hippolyte de Rome : Hippolytus, *Refutatio omnium haeresium (Elenchos)*, éd. par Miroslav Marcovich, *Patristische Texte und Studien*, Berlin, 1986.

Jérôme, *Lettres*, éd. et trad. par Jérôme Labourt, CUF, Paris, 1949-1963 ; *Contre Jovinien*, *Patrologia latina*, 23, 211-338.

Jules Valère : *Iulii Valerii Epitome*, éd. par Julius Zacher, Halle, Waisenhaus, 1867 ; Iuli Valeri Alexandri Polemi *Res gestae Alexandri Magni*, éd. Bernhard Kübler, Leipzig, Bibliotheca Teubneriana, 1888. [4 ms pour la *Collatio*] ; *Iulius Valerius, Res gestae Alexandri Macedonis. Editio correctior cum addendis*, éd. par Michela Rosellini, Munich-Leipzig, Bibliotheca Teubneriana, 2004 ; Julius Valère, *Roman d'Alexandre*, tr. et comm. par Jean-Pierre Callu, Turnhout, 2010 ; *La Geste d'Alexandre le Grand, version latine de Julius Valerius*, éd. et trad. par Frédéric Foubert, Louvain, 2014.

Les Lois de Manou, trad. du sanscrit par Geroges Strehly, Paris, 1893.

Lucrèce, *De la nature*, éd. et trad. par Alfred Ernout, CUF, Paris, 1948.

Mégasthène : voir *FGrHist.* ; T. S. Brown, « A Megasthenes fragment on Alexander and Dandamis », *Journal of American Oriental Society* 80, 1960, p. 133-135.

Minucius Felix, *Octavius*, éd. et trad. par J. Beaujeu, CUF, Paris, 1974.

Néarque : voir *FGrHist.*

Onésicrite : voir *FGrHist.*

Ovide, *Métamorphoses*, éd. par Georges Lafaye et Olivier Sers, Paris, 2009 ; *Pontiques*, éd. et trad. Jacques André, CUF, Paris, 1977.

Palladios : *The Lausiac History of Palladius*, C. Butler, Cambridge, 1904 ; *La Storia Lausiaca*, éd. par Gerhard J. M. Bartelink, Milan, 1974.

Papyrus Genevensis inv. 271 : Martin, 1959 ; William. H. Willis et Klaus Maresch, « The Encounter of Alexander with den Brahmanen : new Fragments of the Cynic Diatribe P. Genev. Inv. 271 », *Zeitschrift für Papyrologie* 74, 1988, p. 59-83.

Papyrus Berolinensis 13044 : U. Wilcken, « Alexander der Grosse und die indischen Gymnosophisten », *Sitzungsberichte der Preussischen Akademie der Wissenschaften,* 23, 1923, p. 150-183. (trad. fr. dans Bounoure-Serret, 1986, p. 147-148).

Philon d'Alexandrie, *Quod omnis probus liber sit*, éd. et trad. par Madeleine Petit, Paris, 1974.

Philostrate, *The Life of Apollonius*, trad. par Frederik Cornwallis Conybeare, Londres, 1912.

Photius, *Bibliothèque*, I-IX, éd. et trad. par René Henry, CUF, Paris, 1959-2003.

Pline l'Ancien, *Histoire naturelle*, éd. *varii*, CUF, Paris, 1950s.

Plutarque, *Vie d'Alexandre*, dans *Vies. Tome IX. Alexandre-César*, éd. et trad. *par* Robert Flacelière et Émile Chambry, CUF, Paris, 1975.

Pomponius Mela, *Chorographie*, éd. et trad. par Alain Silberman, CUF, Paris, 1988.

Porphyre, *De l'abstinence*, éd. par Jean Bouffartigue, Michel Patillon et Alain-Philippe Segonds, CUF, Paris, 1977-2003 (en 3 tomes).

Ptolémée : Ptolemaios, *Handbuch der Geographie,* éd. par Alfred Stückelberger et Gerd Grabhoff, Berne, 2006.

Quinte-Curce : Q. Curti Rufi *Historiarum Alexandri Magni Macedonis libri qui supersunt* iterum recensuit Edmundus Hedicke, Leipzig, 1912 ; *Histoires*, éd. et trad. Henry Bardon, CUF, Paris, 1948 ; *Histoire d'Alexandre*, trad. par Annette Flobert, Paris, 2007.

Solinus : *Collectanea rerum mirabilium*, éd. par Theodor Mommsen, Berlin, 1895.

Strabon, *Géographie. Tome XII, Livre XV,* éd. et trad. par Pierre-Olivier Leroy, CUF, Paris, 2016 ; *L'Estremo Oriente di Strabone. Libro XV della Geografia*, trad. et comm. par Nicola Biffi, Bari, 2005.

Symmaque, *Lettres. Tome I*, éd. et trad. par Jean-Pierre Callu, CUF, Paris, 1972.

Tatien, *Discours aux Grecs*, *Recherches sur le Discours aux Grecs de Tatien*, suivies d'une traduction française du *Discours* avec notes, éd. et trad. par Aimé Puech, Paris, 1903, p. 107-158.

Tertullien, *Apologétique*, éd. Jean-Pierre Waltzing, CUF, Paris, 1929 ; *Contre Marcion* I, éd. et trad. par Robert Braun, *SC* 365, Paris, 1990 ; *La toilette des femmes*, éd. et tr. par Marie Turcan, *SC* 173, 1971 ; *Les Spectacles*, éd. et tr. par Marie Turcan, *SC* 332, 1986.

Théophraste, *Recherches sur les plantes*, livres III et IV, éd. et trad. par Suzanne Amigues, CUF, Paris, 1989.

Virgile, *Énéide*, éd. et trad. par Jacques Perret et Olivier Sers, CUF, Paris, 2015 ; *Géorgiques*, éd. et trad. par Eugène de Saint-Denis, CUF, Paris, 1960.

INDEX DES NOMS PROPRES
(et des œuvres anonymes)
(Les noms de lieux sont en italique)

TABLE DES MATIÈRES

LA ROUE À LIVRES

PARUS

GEORGES ACROPOLITÈS
Chronique du XIIIe siècle. L'empire grec de Nicée

AGATHIAS
Guerres et malheurs du temps sous Justinien

ALAIN DE LILLE
La plainte de la nature (*De Planctu Nature*)

LEON BATTISTA ALBERTI
De la famille

ALCIPHRON
Lettres de pêcheurs, de paysans, de parasites et d'hétaïres

APPIEN
Les guerres civiles à Rome (Livre I. Marius et Sylla)
Les guerres civiles à Rome (Livre II. César et Pompée)
Les guerres civiles à Rome (Livre III. Antoine et Octave)
Les guerres civiles à Rome (Livre IV)

ARRIEN & OPPIEN D'APAMÉE
Art de la chasse. Cynégétiques.
ARRIEN, Cynégétique *suivi de* OPPIEN D'APAMÉE, Cynégétique

BÈDE LE VÉNÉRABLE
Histoire ecclésiastique du peuple anglais (Tome I. Conquête et conversion)
Histoire ecclésiastique du peuple anglais (Tome II. Miracles et missions)

BOÈCE
La consolation de philosophie

CALLISTHÈNE (Pseudo-)
Le roman d'Alexandre. La vie et les hauts faits d'Alexandre de Macédoine

CHRONIQUE DE MORÉE

JEAN CHRYSOSTOME & JEAN DAMASCÈNE
Figures de l'évêque idéal

CICÉRON
De la divination
La nature des dieux

CONSTANTIN LE GRAND
Lettres et discours

CTÉSIAS
Histoires de l'Orient

DENYS D'HALICARNASSE
Les origines de Rome (Les antiquités romaines. Livres I et II)

DIODORE DE SICILE
Naissance des dieux et des hommes (Bibliothèque historique. Livres I et II)
Mythologie des Grecs (Bibliothèque historique. Livre IV)

DION CASSIUS
Histoire romaine (Livres 40-41. César et Pompée)
Histoire romaine (Livres 57-59. Tibère et Caligula)

DION DE PRUSE
Ilion n'a pas été prise. Discours « troyen » 11

ÉLIEN
Histoire variée
La personnalité des animaux (Tome I. Livres I à IX)
La personnalité des animaux (Tome II. Livres X à XVII et index)

EUMATHIOS
Les amours homonymes

GALIEN
L'âme et ses passions

GEOFFROY DE MONMOUTH
Histoire des rois de Bretagne

GERVAIS DE TILBURY
Le livre des Merveilles. Divertissement pour un Empereur (3e partie)

HÉRODIEN
Histoire des empereurs romains de Marc Aurèle à Gordien III
(180 ap. J.-C. - 238 ap. J.-C.)

HÉROS, MAGICIENS ET SAGES OUBLIÉS DE L'ÉGYPTE ANCIENNE
Une anthologie de la littérature en égyptien démotique

JACOPONE DA TODI
Laudes

JAMBLIQUE
Vie de Pythagore

JORDANÈS
Histoire des Goths

JULIUS VICTOR, *L'Art rhétorique* ~ PSEUDO-AUGUSTIN, *Sur la rhétorique*

DIEGO DE LANDA
Relation des choses du Yucatán (1566)
suivi de DIEGO LÓPEZ DE COGOLLUDO, Histoire du Yucatán (1660)

LE POGGE
Un vieux doit-il se marier ?

LES JUIFS PRÉSENTÉS AUX CHRÉTIENS
Textes de Léon de Modène et de Richard Simon

LETTRES POUR TOUTES CIRCONSTANCES
Les traités épistolaires du Pseudo-Libanios et du Pseudo-Démétrios de Phalère

LUCIEN
Comment écrire l'Histoire

MACROBE
Les saturnales (Livres I-III)

JEAN DE MANDEVILLE
Voyage autour de la Terre

NICOLAS MARTONI & OGIER D'ANGLURE
Vers Jérusalem. Itinéraires croisés au XIVe siècle

MAXIME DE TYR
Choix de conférences. religion et philosophie

MAXIMIEN
Élégies, *suivies de l'*Appendix Maximiani
et de l'Épithalame pour Maximus *d'Ennode de Pavie*

JÉRÔME MÜNZER
Voyage en Espagne et au Portugal (1494-1495)

LE NOUVEAU MONDE
Récits de Amerigo Vespucci, Christophe Colomb, Pierre Martyr d'Anghiera

OVIDE
Les fastes

PHILOSTRATE
La galerie de tableaux

PROCOPE DE CÉSARÉE
Histoire des Goths (2 volumes sous coffret)
Histoire secrète
Guerre contre les Vandales (Guerres de Justinien, Livres III et IV)

LE ROMAN D'YSENGRIN

ROMANS DE CHEVALERIE DU MOYEN ÂGE GREC

SATIRES ET PARODIES DU MOYEN ÂGE GREC

TOUT EST BIEN QUI FINIT BIEN
(comédie anonyme de la fin du XVIIIe siècle, traduite du yiddish amstellodamois)

LORENZO VALLA
La donation de Constantin

VIE D'ÉSOPE
Livre du philosophe Xanthos et de son esclave Ésope. Du mode de vie d'Ésope

XÉNOPHON
Constitution des Lacédémoniens – Agésilas – Hiéron
suivi de PSEUDO-XÉNOPHON, Constitution des Athéniens

JOSEPH BEN MÉÏR IBN ZABARA
Le Livre des Délices. *Sefer Cha'Achouïm*

Documents

Alexandre le Grand. Les risques du pouvoir

Chroniques mésopotamiennes

Les cités de l'Occident romain

Conquérants & chroniqueurs espagnols en pays maya (1517-1697)
I. Découvertes

Conquérants & chroniqueurs espagnols en pays maya (1517-1697)
II. Conquêtes

Les cultes isiaques dans le monde gréco-romain

Éloges grecs de Rome

Inscriptions historiques grecques

Récits inédits sur la guerre de Troie

JEAN GOBI
Dialogue avec un fantôme

LIBANIOS
Lettres aux hommes de son temps

Ce volume,
le soixante-quinzième
de la collection « La Roue à Livres »
publié aux Éditions Les Belles Lettres,
a été achevé d'imprimer
en septembre 2016
par La Manuufacture imprimeur
52202 Langres Cedex, France

N° d'édition : 8383 – N° d'impression : 160928
Dépôt légal : octobre 2016

Imprimé en France